EL GRAN LIBRO ILUSTRADO DEL

Bonsai

EL GRAN LIBRO ILUSTRADO DEL

Bonsai

Autor
Colin Lewis

Fotógrafo
Neil Sutherland

EDITORIAL HISPANO EUROPEA, S. A.

Agradecimiento

Estoy particularmente agradecido a mis amigos Peter Chan, de Herons Nursery, y a Ruth Stafford-Jones, que nos dejaron fotografiar los árboles de sus colecciones privadas, y a Bill Jordan por sus consejos y la cesión de sus fotografías sobre plagas y enfermedades. También manifiesto mi agradecimiento a China's Bonsai, por la cesión de su taller, a Sally Strugnell por su excelente diseño, y a Neil Sutherland por su entusiasmo e infinita paciencia detrás de la cámara.

Un bonsai es una obra de arte, cuya belleza depende enteramente de la habilidad de su cuidador. Por consiguiente, es importante citar a los responsables de la belleza de los ejemplares de bonsai fotografiados en este libro.
Ruth Stafford-Jones: páginas: 12, 17, 21, 92, 96, 118
Peter Chan: páginas: 4, 14, 34, 36, 39, 40, 46, 52, 54, 79, 86, 91, 98, 109, 111, 112, 115.
Todos los árboles restantes son de mi propia colección.

EL AUTOR

Colin Lewis reconoce que pasó gran parte de su infancia conversando con los árboles. En 1974 combinó este amor por los árboles con sus estudios de diseñador, y empezó a cultivar bonsais en el alféizar de su apartamento de Londres. En 1989 viajó al Japón a estudiar bonsai y actualmente se dedica a la enseñanza y a escribir en revistas de toda Europa. Ha presentado árboles en el Chelsea Flower Show, National Bonsai Collection y Annual Bonsai and Suiseki Exhibition de Osaka, Japón.

FOTÓGRAFO

Neil Sutherland tiene más de 25 años de experiencia en una amplia gama de campos fotográficos, incluyendo naturaleza muerta, retrato, reportaje, historia natural, recetas de cocina, paisajes y viajes. Sus trabajos se han publicado en innumerables libros y revistas en todo el mundo.

Arce japonés
Tridente, *Acer buergerianum.*

Indice

INTRODUCCIÓN

¿Qué es un bonsai?

Las dos sílabas de la palabra japonesa *bonsai* se traducen literalmente como «árbol en un cuenco», pero cuando se combinan adquieren un significado enteramente más trascendente. Un bonsai es una planta colocada en un recipiente estéticamente armónico, que ha sido sometida a determinadas técnicas de horticultura y escultura para crear una imagen de árbol. Por una parte estas imágenes son virtualmente réplicas exactas de sus primos de tamaño grande. Por otra, pueden llegar a ser esculturas casi abstractas, inspiradas por los paisajes de la imaginación.

Un bonsai no es una variedad naturalmente enana, ni tampoco se le trata con una poción especial para detener su crecimiento, el cual no se restringe confinando las raíces en una maceta, sino por medio de una poda y un desmoche constantes. El cuidador decide enteramente el tamaño y la forma, y su habilidad hortícola y artística determina también su salud eventual y su calidad estética.

Arriba: *El sauce desmochado constituye una imagen familiar en la Europa septentrional. Este bonsai de 25 cm de alto ha sido podado anualmente, exactamente del mismo modo que su pariente de tamaño grande.*

Antigüedad de un bonsai

Un bonsai no tiene por qué ser antiguo para ser bueno. Es perfectamente posible crear un delicioso arbolito en una tarde, como veremos más adelante en este libro, aunque hasta que se ha consolidado en su maceta no es un verdadero bonsai.

Abajo: *«El pino clásico». Ilustración de un manual japonés de instrucciones sobre bonsai, publicado en 1829.*

Una vez aclarado este punto, los bonsais mejoran con el tiempo. La textura de la corteza, el torneado del tronco, la estructura de las ramas, las ramitas finas y su forma requieren tiempo para desarrollarse, incluso con una mano que ayude. Con el paso de los años, y con los cuidados y atenciones correctos, un buen bonsai puede convertirse en un bonsai mejor. Sin embargo, un árbol joven mal diseñado sólo puede llegar a ser un árbol viejo mal diseñado, por lo cual es esencial obtener la forma básica correctamente desde el principio.

Orígenes

Se desconoce cuándo se cultivó el primer bonsai, pero sabemos que los antiguos chinos cultivaron paisajes miniaturizados en recipientes planos. Estos jardines miniaturizados completos con árboles, rocas y musgo, o *penjing*, fueron los antecesores de los bonsais. Los primeros testimonios gráficos de penjing aparecieron en murales de templos chinos durante la dinastía Han, alrededor del año 200 a. de C.

Las plantaciones de árboles individuales llegaron más tarde, aunque no se sabe exactamente cuándo. Se llamaron *pun-sai*, la raíz china de la palabra japonesa bonsai. En realidad, los caracteres japoneses y los chinos para ambos términos son idénticos. Cuando los chinos invadieron Japón en la Edad Media introdujeron, entre otras cosas, la religión budista. En esa época los monjes eran custodios de todas las formas de herencia cultural y llevaron con ellos su lenguaje escrito, su arte y sus bonsais. Durante siglos la propiedad de los bonsais estuvo

Los caracteres japoneses para «bonsai» son idénticos a los chinos para «pun-sai». Ambos se traducen como «un árbol en un cuenco».

restringida a personas nobles y de alta alcurnia. Por aquel entonces todos los bonsais se creaban a partir de antiguos árboles desmedrados recogidos en las montañas, donde su constante batalla con el duro entorno había restringido su tamaño y les había dado formas nudosas y retorcidas. Se llegó a reverenciar tanto la tenacidad de estos árboles que se les atribuyeron cualidades espirituales, que serían heredadas por sus propietarios.

No fue hasta este siglo cuando el ciudadano normal empezó a practicar bonsai, y entonces ya se había convertido en un arte disciplinado, altamente refinado y estructurado. Fue tal la implicación de los artistas dedicados al bonsai que un grupo de ellos decidió llevar más lejos su arte formando la «villa del bonsai», Omiya, que ahora es un suburbio exterior de Tokyo y una meca para los entusiastas del bonsai de todo el mundo.

Bonsai en Occidente

La segunda guerra mundial fue responsable de la extensión de los bonsais a Occidente. Las tropas británicas y norteamericanas, a su regreso del Lejano Oriente, se trajeron recuerdos, fotos y algunos ejemplares vivos de estos curiosos arbolitos. Pocos sabían lo que eran o cómo cuidarlos, pero a pesar de ello todavía hoy viven unos cuantos de estos ejemplares.

Gradualmente se fueron extendiendo los conocimientos. Algunos entusiastas occidentales visitaron Japón para aprender más y al volver difundieron los conceptos. A finales de los años sesenta empezaron a funcionar pequeños viveros y establecimientos comerciales, que importaban varios centenares de árboles al año. Actualmente bonsai es una palabra conocida y se importan centenares de miles de plantas al año, aunque no todas de Japón. Muchas proceden de China, Corea, Taiwan e Israel. Se trata de especies tropicales, que no suelen tolerar nuestro clima y deben confinarse en interiores gran parte del año. Los árboles no crecen bien bajo estas condiciones. Prefieren exposición al sol, al viento y a la lluvia, donde sus cambios estacionales pueden ser apreciados completamente.

El futuro

A cada persona entusiasta del bonsai le corresponde desarrollar aún más este arte aplicando las técnicas a las especies locales, creando nuevos estilos en el proceso. Así pues, en este libro nos concentramos enteramente en especies familiares que prosperarán felizmente al aire libre todo el año con muy poca protección extra en invierno. Pero se puede aprender de un libro y seguir ampliando conocimientos. El mejor profesor es la experiencia práctica. Si está realmente interesado, puede asistir a alguna de las convenciones internacionales que cada año se celebran en muchos países. En ellas se reúnen personas de todo el mundo, que encuentran amistad, paz y armonía a través de su interés compartido en el apasionante arte de cultivar arbolitos en cuencos.

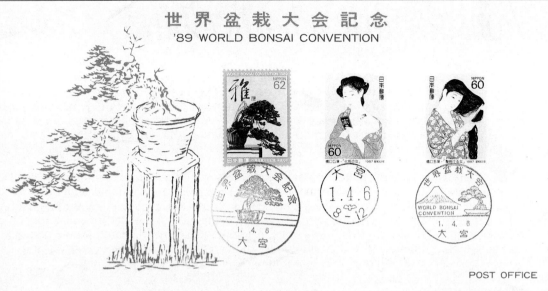

Arriba: *Un sobre de primer día de emisión filatélica, conmemorativo de la «World Bonsai Convention», celebrada en Omiya, Japón, en 1989. Es una demostración de la importancia del bonsai en la cultura japonesa moderna.*

Abajo: *Una granja comercial de bonsais cerca de Takamatsu, Japón, donde puede verse un campo tras otro de bonsais en desarrollo. Estos pinos negros tienen unos doce años.*

Bonsai: ¿arte u horticultura?

En su nivel máximo, el bonsai es escultura pura; el vegetal vivo proporciona el medio mientras que la horticultura suministra los medios con los cuales crea el artista. Sin embargo, la satisfacción que cada persona obtiene al cultivar bonsais variará según sus propósitos. Por ejemplo, un jardinero entusiasta puede considerar al bonsai como un nuevo desafío hortícola, al igual que un amante de las plantas que viva en un piso con sólo un balcón como jardín. Por otra parte, una persona con base artística puede descubrir que el bonsai es el mejor medio para conseguir la plenitud creativa.

Si es principiante, probablemente le interese más la horticultura y esté algo inquieto por la aplicación de las técnicas. Pero al cabo de poco tiempo adquirirá confianza al ver que sus árboles responden al tratamiento. A medida que aumente la confianza, probará nuevas ideas. Algunos de estos experimentos tendrán éxito, pero es inevitable que otros fracasen. Sin embargo, con cada fracaso se aprende un poco más, hasta llegar a comprender lo que la naturaleza le permite hacer, y también lo que no debe hacer. Por tanto, independientemente de que desee cultivar bonsais como desafío hortícola o artístico, lo más importante es que disfrute con su afición.

Inspiración

Estamos rodeados por árboles de un tipo u otro, los cuales constituyen naturalmente la base de la inspiración de todos los artistas del bonsai. Pero contemplar los árboles no basta, sino que realmente tiene que *verlos* profundamente para analizar su estructura, de modo que pueda reproducir las imágenes más auténticas en miniatura.

Si pide a un niño de ocho años que dibuje un árbol, probablemente le presentará un tronco marrón recto coronado por un círculo verde macizo. El niño sabe que el tronco es gris en vez de marrón, y que un árbol tiene ramas visibles que soportan una copa que en realidad no es redonda. Aun así, los niños carecen de la capacidad analítica necesaria para trasladar al papel estos conocimientos.

La mayoría de adultos poseen esta capacidad, pero aprender cómo utilizarla aplicada al bonsai puede exigir cierta práctica. Hay que pasar todo el tiempo que sea posible estudiando a los árboles, ejemplares aislados o grupos, especialmente durante los meses de invierno, cuando son claramente visibles las estructuras de las variedades caducifolias. Observará que las ramas de los árboles más jóvenes tienden a crecer hacia arriba, mientras que las de los más viejos son más horizontales. Podrá ver que todas las ramas crecen hacia el espacio despejado más próximo en el follaje para alcanzar la luz. Los árboles jóvenes que crecen cerca de otros mayores también se apartan de sus vecinos por la misma razón.

3 *La representación estilística de árboles está profundamente arraigada en el arte japonés, tal como demuestra este grabado de Hokusai de principios del siglo XIX. Estos pinos negros, cerca del río Sumida, están claramente influidos por la escuela tradicional literati (ver página 42).*

Si mira hacia el follaje de los pinos viejos observará que las ramas giran en todas direcciones, reflejando el influjo del tiempo atmosférico sobre los flexibles tallos jóvenes. También encontrará jins y sharis naturales y podrá averiguar cómo se formaron hace años. No hace falta viajar hasta escarpadas laderas de las montañas para ver todo esto, ya que están alrededor nuestro, en los parques y jardines, y forman la base de muchos estilos de bonsai.

Sin embargo, si observa aún más detenidamente, estará en el camino para un buen tratamiento. En la montaña los árboles crecen en suelos pobres y delgados y están expuestos a vientos fuertes y a tormentas. Su constante lucha por la supervivencia les confiere un inmenso carácter: ramas giradas y retorcidas, raíces a la vista por la erosión del suelo y troncos casi despojados de su corteza. Aquí está la fuente de inspiración de estilos tales como azotado por el viento, raíces sobre rocas, literati y cascada.

1 *Los japoneses casi son fanáticos con respecto a dar forma a los árboles. Este pino negro crece cerca de un sendero en Kyoto. Cada tallo es podado individualmente cada dos o tres años.*

2 *No hay que viajar lejos para hallar inspiración. Obsérvese que la estructura de las ramas de este roble, que crece en un jardín suburbano inglés, es semejante a la del pino japonés de la izquierda.*

4 *Este enebro chino, que crece en un jardín japonés, tiene centenares de años. Su viejo tronco, pesado y retorcido, es un ejemplo de sharis y jins naturales.*

El alerce japonés de 20 cm de altura y el chamaecyparis *enano de la izquierda, están plantados en hendiduras verticales practicadas en la parte posterior de la roca.*

La importancia de la fotografía

Dondequiera que viaje lleve una cámara para fotografiar lo que vea. Pronto tendrá una valiosa colección de fotografías de referencia, que serán muy útiles al trabajar con material nuevo y difícil.

También es una buena idea llevar un archivo fotográfico de sus bonsais y de su desarrollo en el transcurso de los años. Quizá los cambios sean demasiado sutiles para apreciarlos en sus inspecciones diarias, pero cuando mire las fotos hechas hace dos o tres años, las diferencias pueden ser muy impresionantes. Poder recordar gráficamente cuánto se ha desarrollado un árbol en sólo pocos años puede ser muy alentador.

Guarde sus fotos en un álbum y anote la fecha en que se hicieron. Junto a cada foto apunte otros detalles, tales como tierra utilizada, época de trasplante, régimen de nutrición y cualquier otra información de posible interés para el futuro. Comprobará que consultará frecuentemente estas anotaciones, y si alguna vez se vendiera el bonsai, su historial aumentará su valor para el nuevo propietario.

Izquierda: Dos piezas de arenisca metamórfica de Gales forman el recipiente de este bonsai ishitsuki estilo cascada. Es la imagen de un alerce antiguo luchando por sobrevivir y agarrándose al precipicio de una montaña.

Las colonias de liquen hacen que la roca parezca antigua y curtida.

Fino tomillo plantado en la base del peñasco completa el cuadro.

Tamaño y edad

Una de las primeras preguntas que toda persona hace en su encuentro inicial con un bonsai es: «¿Cuántos años tiene?» Es natural la fascinación ante esos ejemplares de apariencia antigua, y la consideración de que sucesivas generaciones de pacientes artistas los han cuidado. En muchos casos, especialmente con árboles recolectados en el bosque, es imposible saber la edad exacta, tan sólo se puede adivinar. Tal como un famoso maestro en bonsai dice: «Nunca se debe preguntar su edad a una mujer bella.»

Este diminuto shohin tiene sólo 17 cm de altura desde el borde de la maceta. Empezó su carrera de bonsai como un fino tallo con sólo cinco hojas, y se le ha cuidado durante 18 años. La formación de las raíces de superficie y del tronco es excelente, y la estructura de las ramas, que es el resultado de muchos años de pinzado constante y de un cuidadoso alambrado, puede compararse favorablemente con cualquiera de los mejores bonsais grandes.

Lamentablemente, unos pocos comerciantes sin escrúpulos aprovechan esta fascinación por la edad de los bonsais, y la exageran para cobrar más por sus ejemplares. Si la imagen es de un árbol de ochenta años, sostienen que ésa es su verdadera edad. El engaño puede descubrirse fijándose en factores tales como la textura inmadura de la corteza y en heridas de poda sin curar. No obstante, esos comerciantes son escasos y no suelen ser especialistas en bonsai.

Una vez haya cultivado unos cuantos bonsais, se dará cuenta de la escasa importancia que tiene realmente la edad verdadera comparada con la edad aparente. Más significativo es el tiempo que el árbol ha sido tratado como bonsai. Incluso esto es de importancia secundaria en comparación con la belleza de la forma, el color y la textura.

El tamaño es otro factor cuya importancia se ha exagerado frecuentemente. Se supone a menudo que cuanto mayor es el bonsai, más viejo es, y por consiguiente mejor. No es cierto. También se cree a menudo que los bonsais mayores son más difíciles de crear y de mantener técnica y estéticamente. Tampoco es cierto.

En realidad un bonsai pequeño o *shohin* exige más ingenio y paciencia, porque el artista tiene que trabajar con menos elementos, pese a lo cual ha de aspirar a los mismos niveles estéticos aplicables a los árboles más grandes.

Un bonsai *shohin* exige también atención mucho más constante. Las macetas se secan antes, las ramas sobresalen del diseño más frecuentemente y, si se le deja crecer demasiado tiempo, agotará la energía de las ramitas delgadas, haciendo que se marchiten y mueran.

Para demostrar este principio hemos seleccionado tres bonsais consolidados de idéntica especie (Olmo inglés, *Ulmus procera*). Son de estilo similar y todos se originaron a partir de chupones que invadieron mi parcela. Sin embargo, son de tamaño muy diferente, y aquí se muestran gráficamente en proporción a su tamaño real. Aún más, su respectivo tiempo de desarrollo fue muy distinto.

A esta escala, las ramitas finas se desarrollan rápidamente.

Este feo defecto en el tronco ya estaba cuando se recolectó el árbol.

El tiempo pasado en terreno al aire libre favoreció la soberbia formación de raíces en superficie.

Este bonsai de tamaño medio tiene 28 cm de altura desde el borde de la maceta. Se recolectó hace 11 años y pasó los dos años siguientes en el borde de flores del jardín, donde recibió cierto grado de cuidados iniciales. La maceta más grande ha ayudado a acelerar su desarrollo.

A esta escala el follaje permanece tosco, aun cuando las hojas del árbol se podaron un mes antes de tomar esta foto (ver página 60).

Aún se deja que los tallos jóvenes se desarrollen hasta formar ramas maduras.

La formación de raíces a un lado es típica de chupones recolectados a este tamaño. En esta fase ya está demasiado consolidado para cambiarlo.

Con 55 cm de altura, este bonsai es muy grande, aunque los he visto mayores. Fue recogido hace solamente seis años del margen de un camino, se plantó directamente en un recipiente para bonsai. Originariamente el árbol tenía 2,30 m de altura, y se le redujo utilizando la técnica descrita en la página 32.

2 CÓMO CRECE UN BONSAI

De las raíces a las hojas

Su bonsai es el resultado de una interacción entre usted y la naturaleza y el éxito que consiga se basa en la respuesta natural del árbol a sus cuidados. Para obtener los mejores resultados posibles de su hobby es importante tener al menos una comprensión básica de la anatomía del árbol.

Raíces

Las raíces tienen tres funciones. La primera es, simplemente, mantener firme al árbol sobre el suelo. Esto se logra por medio de raíces fuertes y gruesas que irradian de la base del tronco. Después de las grandes tormentas de 1987 en el Reino Unido se evidenció que estas raíces sólo penetran en tierra unos pocos palmos, y que la existencia de una profunda raíz primaria sólo era un mito.

La segunda función es almacenar nutrientes durante el período de latencia, listos para su uso cuando se reanude el crecimiento en primavera.

La tercera función es absorber agua y nutrientes, a través de finas protuberancias llamadas pelos radiculares unicelulares, que cubren a las raíces jóvenes a medida que crecen.

Problemas de las raíces

Aparte del ataque de los insectos, el único problema serio al que se debe hacer frente es el pudrimiento de las raíces, que es más fácil de prevenir que de curar. La putrefacción es causada por hongos microscópicos o bacterias que se alojan en las raíces muertas, por lo cual la respuesta elemental es asegurar la salud de las raíces en todo momento.

La primera precaución es utilizar una tierra con buen drenaje y muchos huecos de aire. Esto evita que las raíces se «ahoguen» y las hace inhóspitas para los hongos. Del mismo modo, tampoco debe dejar que se seque el suelo, pues ello mataría las raíces más tiernas y jóvenes, exponiéndolas a la putrefacción.

La segunda precaución es evitar el exceso de nutrición. Las raíces absorben agua por ósmosis, por medio de la cual una solución débil pasa a través de una membrana (la pared de la raíz) hacia una solución más fuerte. Si el agua del suelo contiene una solución de nutrientes más fuerte que la de la raíz, el agua pasará de la raíz hacia el suelo, dañando a las raíces y privando de agua al árbol.

Las primeras señales de pudrimiento de las raíces son que las hojas amarillean o se marchitan, los tallos jóvenes mueren, o una súbita falta de vigor. Es probable que su primera reacción sea incrementar la nutrición y el agua, pero cualquiera de esas acciones agravará el problema. La mejor solución es el trasplante de emergencia, siguiendo las instrucciones de la página 49.

Albura o xilema
Cámbium
Floema
Corazón
Corteza

1 Este dibujo en sección muestra las diferentes capas que forman el tronco. El corazón o duramen está esencialmente muerto y cumple una función estructural.

Esta espléndida azalea (Rhododendron indicum «Eikan») goza de magnífica salud con los cuidados de su dueña, Ruth Stafford-Jones. Las flores bicolores hacen que esta variedad sea muy apreciada.

El tronco y las ramas

Al igual que las raíces, también el tronco y las ramas cumplen tres funciones. La primera es estructural, de soporte de las ramas y las hojas. La segunda, también como las raíces, es almacenar nutrientes hasta que se necesiten. Esto se hace por medio de células especialmente adaptadas que irradian del centro del tronco en haces denominados radios medulares.

La tercera función es transportar agua y nutrientes de una parte del árbol a otra. Esto tiene lugar hacia el borde exterior del tronco, a cada lado de la capa de cámbium.

Pelos radiculares

2 *Punta de crecimiento de una raíz, mostrando los pelillos radiculares unicelulares y los principales vasos de transporte.*

La capa de cámbium

Ésta es realmente la parte «mágica» del árbol, responsable del control del crecimiento. Es una capa unicelular exactamente debajo de la corteza, que cuando se rasca ésta aparece verde en la mayoría de especies (en algunas coníferas es naranja o amarilla). Durante la estación de crecimiento la capa de cámbium produce una nueva capa de tejido a cada lado. En el interior es la albura, o xilema a través de la cual se transporta el agua desde las raíces por todo el árbol. Cada estación esta albura se reemplaza por una capa nueva, originando los familiares anillos de crecimiento.

En el exterior la nueva capa se denomina floema, y es la responsable de la distribución de los glúcidos producidos en las hojas a las otras partes del árbol. También ésta se reemplaza cada año y el conjunto de las viejas capas de floema forma la corteza acorchada y gruesa que vemos en los árboles más viejos.

La capa de cámbium también es responsable de la producción de raíces nuevas en esquejes y acodos aéreos, y yemas adventicias, así como el tejido que cicatriza sobre las heridas. Al injertar, las capas de cámbium de ambos componentes se fusionan conjuntamente, permitiéndoles actuar como una sola planta.

Hojas

Todas las hojas son básicamente fábricas de alimentos, y utilizan la luz como catalizador para convertir en glúcidos el agua suministrada por las raíces y el dióxido de carbono absorbido del aire, en un proceso denominado fotosíntesis. Estos glúcidos proporcionan a la planta la energía para el crecimiento.

Durante el día las hojas «inspiran» a través de pequeños poros llamados estomas, y por la noche expelen el exceso de oxígeno y otros subproductos gaseosos. También permiten que el agua se evapore a través de la superficie para mantener un flujo constante.

Algunas hojas, particularmente las agujas de los pinos y los abetos, tienen un recubrimiento ceroso que ayuda a conservar la humedad durante el invierno, cuando las raíces están heladas y no pueden funcionar. Este recubrimiento sirve también para evitar que la nieve y el hielo se adhieran a las superficies y ahoguen al árbol. Especies tales como el eucalipto tienen un recubrimiento similar para evitar demasiada transpiración de agua en tiempo seco y cálido, mientras que otras hojas tienen pelillos finos que logran el mismo resultado reduciendo el flujo de aire sobre la superficie.

Especies tales como los arces japoneses, que prefieren la sombra resguardada, tienen una piel muy fina, o cutícula, que se chamusca fácilmente al exponerla a pleno sol.

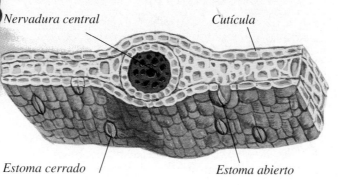

Nervadura central

Cutícula

3 *Derecha: Dibujo en sección de una hoja de un árbol de hojas anchas. Cada hoja es una diminuta «fábrica de alimentos», que proporciona nutrición a la planta durante los meses de verano.*

Estoma cerrado

Estoma abierto

Cómo funcionan las yemas

1 *Delicados brotes de olmo, que ya revelan las diminutas hojas de color verde brillante.*

Las yemas presentan muchas formas y tamaños diferentes, pero todas tienen una cosa en común, ya que contienen un tallo enteramente nuevo, formado en miniatura y comprimido dentro de una vaina de escamas protectoras. Para hacerse una idea del aspecto interior de una yema basta cortar una col de hojas rizadas por la mitad. Entonces se apreciará claramente el tallo cortado en primer plano y las hojas plegadas, con las hojas más oscuras en la parte exterior en función de escamas. Es difícil imaginar todo lo que puede contener una yema que quizá no sea más grande que una cabeza de alfiler.

• Las yemas terminales o en ápice se forman en los extremos de los tallos del año actual, y generalmente son las mayores, ya que contienen el potencial de crecimiento del próximo año. A menudo están flanqueadas por yemas menores en las axilas.
• Las yemas axilares se forman a lo largo del tallo, en cada axila de la hoja (el punto donde el tallo de la hoja, o peciolo, se une al tallo) o en las axilas de las escamas de las yemas. Al año siguiente producirán los tallos laterales más cortos o permanecerán latentes.
• Las yemas latentes son generalmente yemas axilares cuya apertura falló el año siguiente a su formación. Pueden permanecer, apenas visibles durante varios años hasta que el pinzado, la fertilización o mayores niveles luminosos estimulen su crecimiento.
• Las yemas adventicias pueden surgir en cualquier parte sobre madera vieja, alrededor de cortes de poda o incluso sobre raíces. Son la respuesta del árbol a una mejora en las condiciones o su método de regeneración después de pérdida del follaje. Las yemas adventicias tienden a producir tallos vigorosos y llenos de vitalidad.

CORTE EN SECCIÓN DE UNA YEMA

Las escamas de la yema están formadas por hojas modificadas.

Las diminutas yemas axilares embrionarias ya están formadas.

Puede verse claramente la futura yema en ápice.

Una yema, en realidad, es un nuevo tallo completo, con su propias yemas en ápices y axilares. Está muy comprimida y protegida por escamas.

1 *Los abetos (en la fotografía) y los enebros con hojas en aguja producen masas de yemas. Se abren rápidamente, exponiendo compactos manojos de agujas, que pronto se extienden para formar tallos más tiernos y suaves.*

Arriba: *Con los arces rojos japoneses, el color en primavera es exactamente tan impresionante como en otoño. Las hojas son menores y mucho más brillantes.*

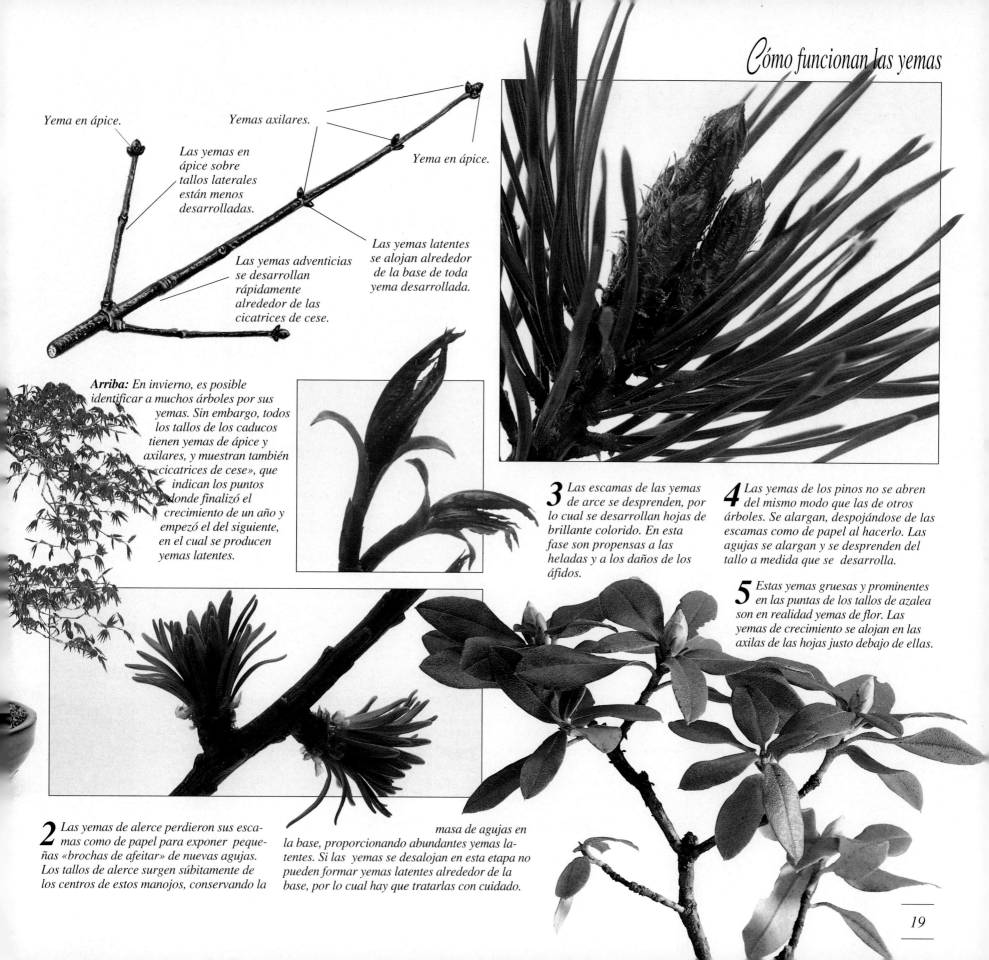

Yema en ápice.

Yemas axilares.

Las yemas en
ápice sobre
tallos laterales
están menos
desarrolladas.

Yema en ápice.

Las yemas latentes
se alojan alrededor
de la base de toda
yema desarrollada.

Las yemas adventicias
se desarrollan
rápidamente
alrededor de las
cicatrices de cese.

Arriba: *En invierno, es posible
identificar a muchos árboles por sus
yemas. Sin embargo, todos
los tallos de los caducos
tienen yemas de ápice y
axilares, y muestran también
«cicatrices de cese», que
indican los puntos
donde finalizó el
crecimiento de un año y
empezó el del siguiente,
en el cual se producen
yemas latentes.*

3 Las escamas de las yemas
de arce se desprenden, por
lo cual se desarrollan hojas de
brillante colorido. En esta
fase son propensas a las
heladas y a los daños de los
áfidos.

4 Las yemas de los pinos no se abren
del mismo modo que las de otros
árboles. Se alargan, despojándose de las
escamas como de papel al hacerlo. Las
agujas se alargan y se desprenden del
tallo a medida que se desarrolla.

5 Estas yemas gruesas y prominentes
en las puntas de los tallos de azalea
son en realidad yemas de flor. Las
yemas de crecimiento se alojan en las
axilas de las hojas justo debajo de ellas.

2 Las yemas de alerce perdieron sus esca-
mas como de papel para exponer pequeñas «brochas de afeitar» de nuevas agujas.
Los tallos de alerce surgen súbitamente de
los centros de estos manojos, conservando la
masa de agujas en
la base, proporcionando abundantes yemas latentes. Si las yemas se desalojan en esta etapa no
pueden formar yemas latentes alrededor de la
base, por lo cual hay que tratarlas con cuidado.

3 LAS MATERIAS PRIMAS

La compra de bonsais

Muchos nuevos aficionados al bonsai sienten la tentación inicial de comprar uno en un garden center. Los llamados bonsais que ofrecen los garden centers son invariablemente especies tropicales del Lejano o del Medio Oriente. Tal vez hayan estado almacenados algún tiempo y hayan sufrido falta de cuidados. Las especies tropicales no pueden tolerar nuestro clima, por lo que deben situarse en el interior la mayor parte del año. Eso está bien, si se puede proporcionar un entorno controlado, lo cual no es fácil. Si desea cultivar bonsais en el interior diríjase a un especialista acreditado, cuyas plantas estarán bien cuidadas y que contará con personal competente para dar buenos consejos.

El mismo consejo es aplicable a la compra de especies resistentes. Los cultivadores especializados tienen experiencia, y vale la pena beneficiarse de ella preguntándoles todo lo necesario. A los expertos en bonsai siempre les gusta ayudar. Mientras tanto, vale la pena tener en cuenta los siguientes puntos:

Precio
• Los bonsais son caros porque lleva tiempo crearlos a mano, y además se les transporta a través de medio mundo. Pagar un precio inferior a lo razonable significa adquirir sólo un bonsai medio acabado, que exigira varios años de labor para refinarlo.

Salud
• Es mejor comprar cualquier planta durante la estación de crecimiento, para asegurarse de que está viva y sana. Si compra en invierno, rasque un poco la corteza: si debajo esta verde, la planta esta viva; en caso contrario, está muerta.
• Evite plantas con defectos, hojas dañadas, etc., que pueden ser síntomas de enfermedades.
• Compruebe que el árbol esté firme en su maceta. Sosténgalo por el tronco y *suavemente* trate de balancearlo. Si se mueve, devuélvalo a la estantería.
• Compruebe la tierra. Debe estar suelta y porosa, húmeda pero no anegada. La maceta debe tener orificios adecuados para drenaje, no obturados. No debe haber malas hierbas en la maceta. Los hierbajos son señal de suelo deficiente.

Apariencia
• Las raíces superficiales deben tener apariencia natural cuando surjan del tronco. Éste debe tener forma natural y cónica, sin cicatrices ni uniones de injertos visibles. Rechace los bonsais con espirales exageradas e inclinaciones en gancho.
• Las ramas deben estar uniformemente distribuidas alrededor del tronco y las más bajas deben ser más gruesas que las superiores.
• Asegúrese de que no haya señales de alambre en el tronco o las ramas o, peor todavía, de que no haya alambre incrustado en la corteza.

Cuidados posteriores
• Pregunte siempre al jardinero cuáles son las necesidades hortícolas específicas del árbol, tales como riego, abono, protección invernal y otras, y procure averiguar cuándo se trasplantó por última vez, para saber cuándo le toca realizar de nuevo esta tarea.

¡LO QUE *NO* HAY QUE BUSCAR!
A ninguna de estas plantas se le puede llamar bonsai

El pino (arriba) es una plántula de tres años que fue podada una vez al final de su segundo año. El cuidador alambró el tronco para hacerle parecer auténtico, sin alterar la forma. Su único potencial para bonsai es como materia prima, y necesitaría ser cultivado en tierra durante muchos años. La maceta de plástico revela una actitud de apresuramiento y descuido.

El pequeño arce japonés tiene cuatro años. Su tronco ha sido formado con alambre por alguien que está claro que no ha visto nunca un árbol real. No hay manera de que este fenómeno pueda convertirse en un bonsai. La única esperanza sería cortar el tronco por debajo de la primera curva y empezar de nuevo.

Ciprés japonés (Cryptomeria japonica). Este magnífico bonsai es realmente muy antiguo, más de cien años. Su tronco está hueco por todas partes y las ramas ya son muy frágiles.

Arriba: *Cuando vea árboles presentados como éstos puede tener plena confianza en que adquiere ejemplares de valor. Todos están sanos y sin malas hierbas, y las bolitas de fertilizante en cada maceta indican que están bien cuidados.*

Surtido de garden center

La verdadera esencia del bonsai es que cada persona cree los suyos, y las materias primas más a mano se hallan en los garden centers. Hay una enorme gama de especies y de tamaños para escoger, lo cual sólo sirve para dificultar la decisión. Los siguientes puntos le ayudarán a efectuar una selección sensata y evitarán que gaste su dinero en plantas inadecuadas.

¿Qué especie?
• ¿Caducifolios o coníferas? En realidad no importa, aunque se debe tener presente que, si bien las coníferas hacen bonsais con mayor rapidez y las especies caducifolias tardan más en desarrollarse, estas últimas compensan con cambios de color y forma cuando pasan las estaciones.
• Quizá suene extraño, pero se deben evitar las variedades enanas o de crecimiento lento, porque pueden tardar mucho tiempo en responder a los cuidados. Las principales excepciones a esta regla son los abetos enanos que, irónicamente, forman bonsais soberbios.
• Si se desea una especie florida, hay que escogerla con flores sobre las ramas del año anterior. Si las flores corresponden al crecimiento del año actual, los tallos deberán crecer desproporcionadamente largos antes de que empiece la floración.
• Observe las ramas y compruebe que sean bastante flexibles para formarlas con el alambrado.
• Finalmente, decídase por una variedad que ya tenga pequeñas hojas o agujas y muestre tendencia a producir yemas sobre ramas más viejas.

Selección final
Una vez haya decidido la especie, debe seleccionar la planta con mayor potencial.

• Examine cuidadosamente cada planta, empezando por la base. Observe si las raíces superficiales tienen aspecto natural.
• Debe haber muchas ramas bajas que aún tengan hojas cerca del tronco. Esto le ofrece muchas posibilidades al empezar a diseñar su bonsai en el hogar.

• No suponga que la línea actual del tronco ha de ser necesariamente la definitiva, o que el nuevo bonsai será del mismo tamaño que la materia prima. Estas opciones deben estudiarse cuidadosamente a su comodidad, cuando tenga tiempo para hallar el «alma» oculta del árbol.
• Por último, aplique todos los consejos sobre salud indicados en «La compra de bonsais» en la página 20.

Esta pequeña azalea se escogió por su soberbio despliegue de raíces. Tardó sólo tres años en alcanzar esta fase, y cada mayo me recompensa con abundantes flores carmesíes.

1 *Al principio quizá le tienten formas insólitas de tronco como ésta. Pero en el caso de esta planta, insólito significa anormal y nunca llegará a ser un buen bonsai.*

2 *Muchas plantas de garden centers están injertadas sobre rizomas robustos, causando una fea protuberancia que empeora con los años. Deben evitarse.*

ESPECIES ADECUADAS DE GARDEN CENTER

Algunas de las especies más fiables con adaptabilidad comprobada.

Acer - *palmatum*, *Japonicum*, (arces)	*Chamaecyparis* (las variedades enanas son mejores)	*Picea* (abetos)
Azalea (botánicamente *Rhododendron*)	*Cotoneaster*	*Pinus* (pinos)
Berberis	*Crataegus* (espino)	*Potentilla*
Betula (abedules)	*Cryptomeria*	*Prunus* (cerezos de flor)
Buxus (boj)	*Fagus* (haya)	*Pyracantha*
Carpinus (ojaranzo)	*Juniperus* (todos tipos)	*Spirea*
Cedrus (cedro - *brevifolia* es mejor)	*Larix* (alerces)	*Taxus* (tejo)
Chaenomeles (membrillo)	*Ligustrum* (ligustro)	*Ulmus* (olmos)
	Lonicera nitida (azalea viscosa)	*Wisteria*
		Zelkova

4 *A primera vista este cotoneaster enano parece ideal para bonsai. Una inspección más detallada revela que todas las ramas surgen rectas del suelo y que no hay tronco, lo cual hace que sea inútil.*

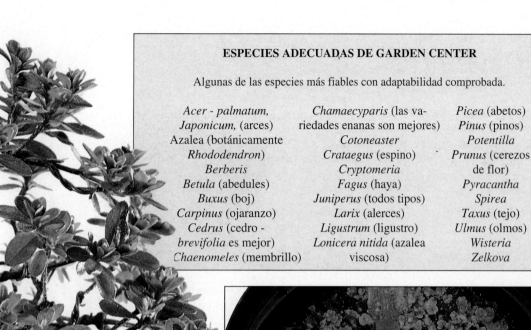

5 *Unas buenas raíces superficiales son esenciales en un bonsai. No se deje tentar por formaciones extravagantes de raíces como ésta, ya que pueden parecer interesantes al principio, pero a la larga lamentará la compra.*

3 *Las hierbas diminutas son señal de que la planta se ha consolidado en la maceta, pero un crecimiento como éste indica mal drenaje y raíces enfermas.*

23

Multiplicación por semillas

Si se tiene paciencia, nada recompensa más que el cultivo de bonsais a partir de semillas, independientemente de que se intente obtenerlas rascando o se cultive la planta para formar materia prima mayor. La siembra de semillas para bonsai se realiza de la misma manera que la de las plantas para otros propósitos, y la mayoría de personas la conoce, pero aquí se desglosa el proceso para el principiante. Deben extremarse los cuidados al trasplantar plántulas.

He aquí algunas recomendaciones:

• Antes de comprar las semillas, asegúrese de que la especie es adecuada *(ver página 23)*. Busque en los anuncios clasificados de las revistas de jardinería las marcas comerciales de semillas.
• Utilice un suelo más arenoso de lo normal sin abonos añadidos.
• Las semillas con vainas duras germinarán antes si se las corta o raja.
• Las semillas de las especies más resistentes deben estratificarse antes de que germinen, lo cual implica exponerlas a períodos de temperatura baja, tal como la que experimentarían naturalmente en invierno. El mejor plan es dejar esas semillas al aire libre, pero si desea que germinen en el interior, puede simular el invierno mezclándolas con arena seca y colocándolas en el compartimiento de ensalada de un frigorífico durante unas semanas. Conozco el caso de semillas de arce que han germinado en dos semanas, estando aún en el frigorífico.
• Si germina sus semillas en el interior, endurézcalas gradualmente antes de situarlas permanentemente al aire libre.
• Las semillas de algunas especies, por ejemplo ojaranzo y espino blanco, pueden tardar dos años en germinar, por lo cual hay que tener paciencia.

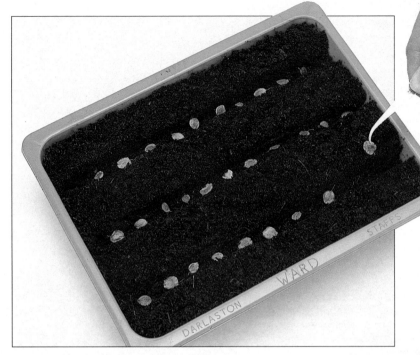

1 Una vez limpias las semillas, distribúyalas uniformemente sobre una capa de buen compost en una bandeja. Las semillas duras germinan mejor si se raja la vaina con un cuchillo afilado.

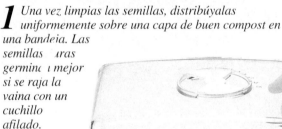

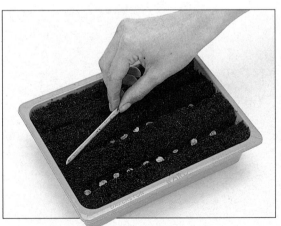

2 Cubra las semillas con una capa de compost, a una profundidad aproximada como el grosor de ellas, sin presionar, dejando holgura para que puedan respirar.

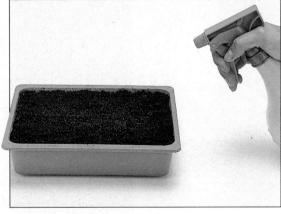

3 La bandeja para semillas debe regarse con un pulverizador. Conviene incluir un fungicida con base cúprica que ayude a evitar la putrefacción así como el pudrimiento por el pie de las nuevas plántulas.

4 Tape la bandeja para semillas, dejando totalmente abiertos los orificios de ventilación. Coloque la bandeja al aire libre, donde las semillas estarán sujetas a los naturales cambios estacionales de temperatura.

5 *Una vez que las plántulas tengan sus primeras hojas verdaderas, tire suavemente de ellas. Agarre las hojas, no el tallo.*

6 *Utilice una navaja afilada, esterilizada, para cortar el cepellón de la raíz, dejando bastantes raíces laterales para sostener la plántula.*

7 *Al plantar las plántulas en sus macetas de crecimiento, extienda radialmente las raíces desde el tallo. Ésta es la primera fase esencial en el cuidado de bonsais, o sea asegurar una buena formación de raíces para el futuro.*

Incluso después de muchas generaciones, se ve claramente la importancia de extender las raíces de la plántula.

Este impresionante arce japonés, de estilo vertical informal, propiedad de Ruth Stafford-Jones, es uno de los árboles más bellos que haya salido de Japón. Es curioso pensar que hubo un tiempo en que también él fue una diminuta plántula.

8 *Cubra las raíces con suelo para bonsai. No comprima el suelo, pues eso podría dañar las raíces jóvenes más tiernas. Riegue suavemente y sitúe las plántulas en un lugar protegido hasta que aparezcan nuevos brotes.*

Esquejes

Este pequeño olmo de Cornualles empezó como esqueje de raíz hace nueve años. Más tarde se le vació el tronco para darle un aspecto realmente antiguo.

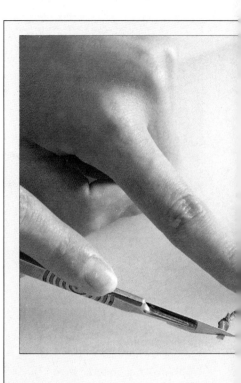

La ventaja de la multiplicación por medio de esquejes de cualquier tipo es que se pueden reproducir las características exactas de la cepa madre, mientras que las plantas que crecen a partir de semillas pueden variar.

Hay tres tipos de esquejes apropiados para los bonsais: de hojas, de ramas y de raíces.

Los esquejes de hojas utilizan nuevos brotes. La época apropiada es a comienzos del verano, y deben mantenerse en una atmósfera húmeda y cerrada hasta que echen raíces.

Los esquejes de ramas utilizan brotes maduros y se cogen en otoño, generalmente de ramas que hayan crecido ese año, aunque algunas especies arraigarán con ramas de dos años o más.

Los esquejes de raíces son adecuados para especies que producen naturalmente tallos, o chupones, de las raíces. Pueden cogerse en cualquier época entre noviembre y abril, utilizando raíces de hasta 7,5 cm de grueso.

1 *Los esquejes de hojas se cogen en mayo y junio. Las hojas inferiores y las puntas de crecimiento se cortan con una navaja muy afilada.*

2 *Maneje cuidadosamente los esquejes, insertándolos en compost arenoso a una profundidad igual a un tercio de su longitud. No es necesario utilizar tratamiento hormonal, aunque la pulverización con un fungicida sistémico ayudará a evitar la putrefacción y mejorará los resultados.*

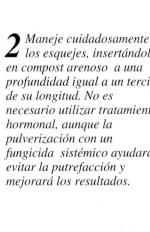

3 *Las bandejas comerciales de multiplicación son ideales. Tienen tapas transparentes con ventilación controlada. Puede confeccionarse una, colocando una bolsa de plástico sobre una maceta. Pulverice diariamente los esquejes hasta que aparezcan los nuevos brotes.*

4 *Hay dos tipos de esquejes de ramas: de nudo, y de talón. Los primeros deben cortarse limpiamente con una navaja afilada, exactamente debajo del nudo de una hoja, o yema axilar, tal como se indica.*

ESQUEJES DE ENEBRO CHINO

Los enebros chinos arraigan muy fácilmente, aunque pueden tardar hasta un año. Coja tallos de unos 7 cm de brotes del último año en junio, y prepárelos tal como muestra la foto.

5 *Al coger esquejes de talón, arranque la ramita de su madre, conservando una tira de corteza, o talón. Pode el talón con un cuchillo afilado.*

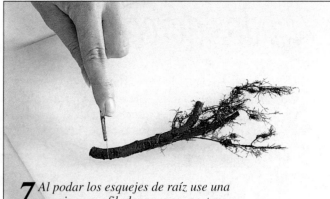

7 *Al podar los esquejes de raíz use una navaja muy afilada, pues su corteza blanda se magulla fácilmente. Hay que dejar algunas raíces nutricias para que ayuden al esqueje en su evolución.*

8 *Para los estilos de árbol individual, el esqueje de raíz debe plantarse verticalmente, fijándose bien para hacerlo en sentido correcto.*

9 *Para los estilos agrupados o amontonados, los esquejes de raíz deben plantarse sobre sus costados. Así se producirán abundantes brotes.*

6 *Plante los esquejes a una profundidad de al menos la mitad de su longitud, ya en terreno abierto ya en un tiesto profundo. Haga los orificios con un punzón para no dañar los extremos de los esquejes.*

Acodos aéreos

Muchos jardines tienen algunos arbustos o un seto que han sido recortados periódicamente durante años. Esto produce naturalmente zonas en las que hay muchas ramas pequeñas y de formas interesantes con una red de pequeñas ramitas. No es difícil imaginar el buen aspecto de estas ramas en macetas después de dedicarles los oportunos cuidados, siempre que tuvieran raíces. Con suerte, se podría tener un cerezo florido, un membrillo o un *pyracantha*.

Abetos, cipreses, tejos y enebros se reproducen bien por acodos, pero los pinos no suelen cooperar. La mayoría de especies caducifolias se multiplican con éxito por acodos, aunque algunas tardan más que otras.

El acodo aéreo es una técnica que permite estimular a las raíces para que surjan exactamente en el punto que se desee. Es parecido al esqueje, pero sin separar realmente la rama de su planta matriz hasta que hayan crecido las raíces. Incluso se puede realizar previamente cierta cantidad de poda y de alambrado.

Esta técnica también puede ser útil cuando se tiene un ex bonsai que ha llegado a crecer tan exageradamente que necesita una poda enérgica y un estímulo para el desarrollo de nuevas ramas. Por medio del acodo aéreo de las ramas viejas, puede utilizarlas para crear más bonsais.

La mejor época para practicar esta técnica es a principio o a mitad del verano, tan pronto como las hojas se hayan fortalecido completamente. Es una buena idea dar al árbol una dosis de abono alta en fosfatos antes de iniciar el proceso de formación de raíces. Recuerde que nunca se debe dejar secar el musgo recubierto con el polietileno.

1 *Haga dos incisiones alrededor del tronco, y otra verticalmente. Corte recto.*

2 *Desprenda la tira de corteza y rasque bien todo vestigio de cámbium.*

Arriba: *Estas raíces radiales son típicas de la clase de estructura que puede lograrse con el acodo aéreo. El truco consiste en acodar pronto cada año para dar tiempo a que las nuevas raíces se consoliden antes del invierno.*

3 *Coja un trozo de polietileno transparente, de unos 23 x 15 cm, y átelo bien apretado a unos 2,5 cm por debajo de la herida. Deje una superposición de unos 4 cm.*

4 *Rellene el polietileno con musgo esfagnal fresco y húmedo —del tipo que venden los floristas para cestos colgantes— y luego ate flojo el plástico por la parte superior. Mantenga húmedo el musgo y revíselo frecuentemente hasta que se vean las nuevas raíces.*

5 *Una vez que las raíces nuevas hayan empezado a amarronarse, puede cortarse la rama por debajo del polietileno.*

6 *Desprenda suavemente el plástico. Procure no dañar las delicadísimas raíces. Si deja que el musgo se caiga, desgarrará las raíces.*

7 *Coloque la bola inalterada de raíces, completa con el musgo, en un tiesto profundo y rellene con suelo fresco para bonsai. No presione las raíces más tiernas.*

8 *Pode todos los tallos largos para reducir las exigencias sobre las raíces nuevas, y coloque el nuevo árbol en un lugar protegido durante algunas semanas. Rocíe diariamente y abone bien después del primer mes.*

29

Cultivo del propio bonsai desde el principio

Dos de las características más apreciadas en todo bonsai son una corteza madura y una pronunciada forma cónica del tronco. Siempre es difícil conseguir estas características, y a menudo imposible, si el árbol ha pasado toda su vida creciendo lentamente, confinado en una maceta plana de bonsai.

Tradicionalmente, los ejemplares más reverenciados se crearon a partir de plantas reducidas recolectadas en las montañas de Japón. Pero actualmente, proceder así sería muy irresponsable en casi cualquier parte del mundo, y además ilegal en la mayoría de países occidentales.

La única solución satisfactoria es cultivar su propia materia prima de manera que produzca todas las características deseadas en el menor tiempo posible. Para ello se debe estimular el crecimiento de las ramas más bajas para hacer más gruesa la parte inferior del tronco. Si la base del tronco está cubierta con paja o con una capa de hojas, la corteza se hinchará y resquebrajará, haciéndole parecer aún más antiguo.

El resultado será un tronco pesado con considerable forma cónica, corteza rugosa y muchas cicatrices viejas — características todas propias de mucha edad.

Esta técnica de cultivo de la materia prima es ideal para la mayoría de las especies caducifolias, pero no es adecuada para las coníferas, ya que no regeneran brotes una vez que se han extraído todas las ramas con hojas.

Al cultivar coníferas al aire libre se debe podar todo lo posible cada dos años, aunque dejando siempre algunas hojas en cada rama. Cada primavera se debe pinzar la mitad de cada nueva «vela» tan pronto como sea bastante grande para manipularla. Esto producirá masas de ramas y tallos entre los que se podrá escoger cuando se decida el estilo que se va a dar al árbol.

El ejemplo que hemos seleccionado es un olmo siberiano, de nueve años, que ha pasado toda su vida en terreno abierto. Cada año se le abonó fuertemente para estimular un crecimiento rápido. Las ramas superiores se podaron durante cada estación de crecimiento, y a las inferiores se las dejó crecer una vez durante dos años sin tocarlas. Cada dos años se extrajeron completamente todas las ramas y se repitió todo el proceso.

La drástica poda de raíces que puede verse aquí tiene éxito con la mayoría de olmos y con los arces de hojas tridentadas. Con otras especies es conveniente reducir las raíces por etapas durante sucesivas primaveras, trasplantando cada vez a un recipiente más pequeño.

Este olmo se colocará en posición protegida durante unas cuantas semanas, hasta que aparezcan brotes nuevos. Se le abonará intensamente durante la siguiente estación, para que en el transcurso de un año esté preparado para la formación inicial de estilo (*ver página 72*).

1 Con todas sus hojas este olmo siberiano era sólo un arbusto, pero en invierno puede verse claramente el potencial del tronco. Una vez excavado, debe separarse toda la tierra de las raíces con una manguera.

2 *Se cortan todas las ramas y tallos, dejando sólo el tronco básico. Pode las ramas superiores selectivamente para dejar un tronco cónico tan uniforme como sea posible.*

4 *Plante el tronco bien profundo en un tiesto hondo, relleno con buen suelo para bonsai. Recubra las raíces restantes para conservar la humedad.*

Las azaleas crecen muy lentamente. Un tronco como éste puede tardar muchísimo tiempo en formarse.

Esta frondosa azalea ha sido cultivada en terreno abierto desde 1952. Ha crecido en un recipiente durante tres años y ya está adquiriendo una forma preciosa.

3 *Corte las raíces todo lo posible, pero dejando algunas raicillas para mantener la planta hasta que pueda crecer más. Utilice una sierra afilada, pues las raíces son fibrosas y se quiebran fácilmente.*

5 *El árbol debe colocarse cubierto con un plástico hasta que surjan nuevos brotes, lo cual puede tardar bastante tiempo, ya que quizá no aparezcan hasta mediados del verano o más tarde.*

Reducción de árboles más altos

Algunas personas prefieren cultivar bonsais muy grandes, pero son incapaces de encontrar materia prima adecuada en la naturaleza, y no están dispuestas a dedicar el necesario número de años al cultivo de sus propios ejemplares. La única alternativa es adquirir una planta adecuada en un vivero. Estos árboles se cultivan para plantarlos en calles, jardines o parques y crecen en el terreno durante varios años antes de colocarlos en recipientes para su venta.

Al seleccionar ese material se debe comprobar que esté bien establecido en su recipiente; el musgo y las hierbas en el suelo son un buen indicio. Examine las raíces superficiales para constatar su distribución uniforme. Rasque un trozo de corteza: si aparece verde debajo es señal de que la raíz está viva, si aparece marrón o gris la raíz está muerta.

Cortar la sección superior del tronco obligará al árbol a producir ramas en el tronco restante, pero no se puede prever su ubicación y hay muchas probabilidades de que se limiten a la zona de alrededor del corte. Esto no sirve para fines de bonsai, a menos que se trate de cultivar un zelkova estilo escoba (*ver página 82*). Para contrarrestar esto es necesario seleccionar una planta que tenga un buen número de ramas bajas.

Esta poda inicial puede hacerse en cualquier momento entre noviembre y el junio siguiente, pero la época ideal es a comienzo de primavera, poco antes de que rompan las yemas.

Deje el árbol en su recipiente original durante un año al menos antes de plantarlo en una maceta de bonsai. Durante este tiempo se puede empezar a formar el estilo deseado por medio del alambrado y la poda.

1 *Este ojaranzo (Carpinus betulus) de 4 m de altura se compró en un vivero, y fue escogido porque tenía muchas ramas bajas.*

2 *Escoja una rama para la nueva dirección y haga un corte en diagonal y hacia abajo, en sentido de una rama más baja en el lado opuesto del tronco.*

3 *Con líquido corrector de máquina de escribir, o con pintura blanca, marque una línea de flujo natural del tronco desde la nueva trayectoria hasta la rama alta.*

4 *Cincele gradualmente la herida siguiendo la línea marcada, sin desgarrar la corteza. Vaciar un poco el corazón ayudará a sanar la herida, y así quedará una cicatriz casi invisible.*

5 *Selle completamente la herida con masilla (ver página 55), y asegúrese de que cubre bien los bordes.*

Este bonsai ojaranzo se creó exactamente de la misma manera que en nuestra demostración. Después de cuatro años la cicatriz de la poda se ha curado y las hojas se han reducido bien.

6 *Ahora las ramas inferiores deben mantenerse podadas para estimular ramitas finas, mientras que las superiores pueden crecer libremente durante un año para ayudar a acelerar la curación de la cicatriz de la poda.*

4 MATERIALES

Herramientas y alambres

Herramientas

Todo lo que realmente necesita como equipo para sus primeros intentos de cultivo de bonsais son instrumentos que probablemente ya tiene.

• Unas tijeras afiladas • Alicates para cortar alambre • Podaderas (las de tipo oblicuo, *no* la variedad de yunque) • Tijeras de uñas para trabajos finos • Un gancho puntiagudo de acero para desenredar raíces. (Todavía utilizo el que me hice hace dieciséis años.)

Con estas herramientas se puede realizar el trabajo casi tan bien como con las herramientas japonesas especializadas que se muestran aquí. Pero a medida que adquiera experiencia empezará a encontrarlas un poco incómodas en el mejor de los casos, y totalmente inadecuadas en el peor. Más pronto o más tarde deseará adquirir sus primeras herramientas especialmente diseñadas para bonsai, pero antes de gastar mucho dinero en un juego completo, compre una o dos cada vez.

Debido a que son las herramientas más baratas y necesarias, probablemente empiece por comprar unas tijeras largas para poda de ramas, y unas tijeras cortas para tareas más duras, tales como poda de raíces. Es una buena elección y pronto descubrirá la facilidad de manejo de las herramientas japonesas.

A continuación conviene adquirir unas tenacillas laterales que corten limpia y precisamente las ramas, y una desalambradora de mango largo, diseñada para cortar bien hasta la punta. La principal ventaja de ambos instrumentos es que pueden llegar hasta las partes más inaccesibles del árbol.

Luego vienen las tenazas cóncavas para ramas. Se utilizan para podar cerca del tronco, donde se necesita un ligero hueco para ayudar a que la herida cure pronto. También es una buena idea adquirir unas tenacillas bonsai. La forma de sus mandíbulas las hace ideales para pelar cortezas de ramas (jins y sharis), así como para manipular el alambre una vez se ha aplicado al árbol.

Todas las demás herramientas son de aplicación más especializada y pueden comprarse a medida que se necesiten.

Nota especial: Mantenga siempre bien afiladas sus herramientas con una muela de esmerilar engrasada, y esterilícelas después de usarlas con alcohol desnaturalizado.

Alambres

Mostramos aquí diversos tipos y grosores de alambre. Su primera elección puede estar influida por razones de economía y disponibilidad. El alambre de cobre puede cortarse de rollos de cable eléctrico, y en los garden centers hay alambre de acero recubierto de plástico verde.

Sin embargo, una vez haya probado los alambres especiales para bonsai, no querrá utilizar nada más. La amplia variedad de grosores, sus colores discretos y la facilidad de manipulación hacen que sea una satisfacción trabajar con ellos, a pesar del costo adicional. En la página 50 damos una explicación completa sobre las ventajas y los inconvenientes de los diversos tipos de alambre.

El alambre de aluminio de 5 mm para bonsai es muy fuerte, y es útil para troncos y ramas pesadas.

El alambre de aluminio de 3 mm es adecuado para la mayoría de ramas.

El alambre de aluminio de 1,5 mm para bonsai es ligero, suave y fácil de aplicar.

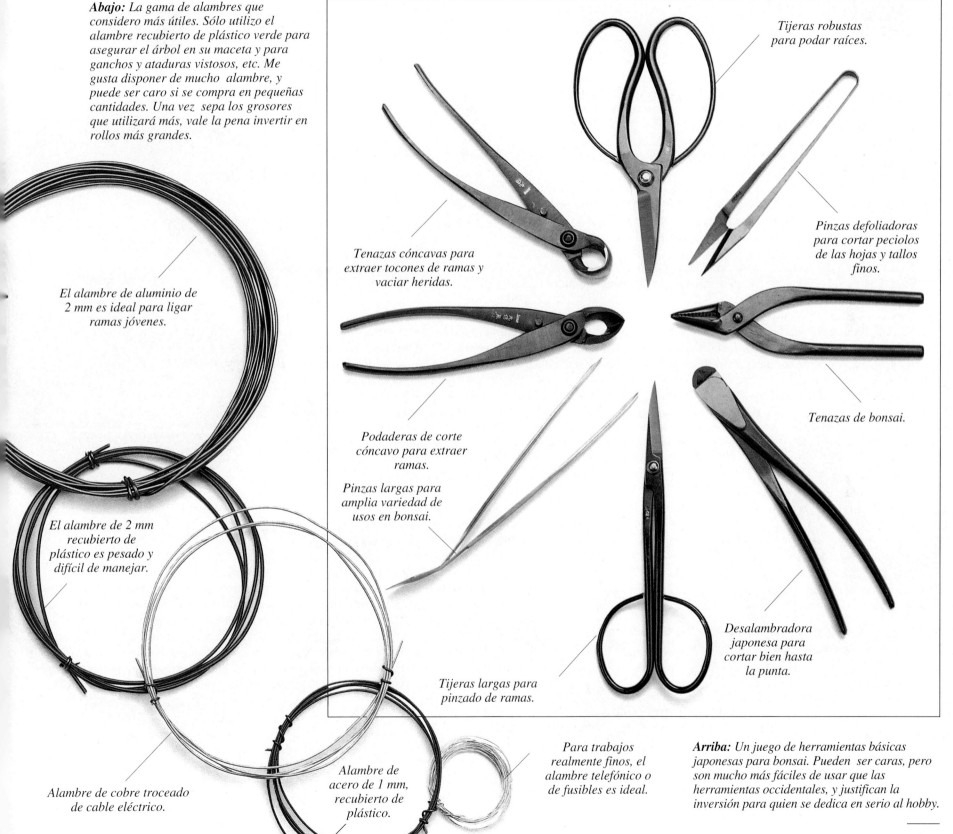

Abajo: La gama de alambres que considero más útiles. Sólo utilizo el alambre recubierto de plástico verde para asegurar el árbol en su maceta y para ganchos y ataduras vistosos, etc. Me gusta disponer de mucho alambre, y puede ser caro si se compra en pequeñas cantidades. Una vez sepa los grosores que utilizará más, vale la pena invertir en rollos más grandes.

Tijeras robustas para podar raíces.

Pinzas defoliadoras para cortar peciolos de las hojas y tallos finos.

El alambre de aluminio de 2 mm es ideal para ligar ramas jóvenes.

Tenazas cóncavas para extraer tocones de ramas y vaciar heridas.

Tenazas de bonsai.

Podaderas de corte cóncavo para extraer ramas.

Pinzas largas para amplia variedad de usos en bonsai.

El alambre de 2 mm recubierto de plástico es pesado y difícil de manejar.

Desalambradora japonesa para cortar bien hasta la punta.

Tijeras largas para pinzado de ramas.

Alambre de cobre troceado de cable eléctrico.

Alambre de acero de 1 mm, recubierto de plástico.

Para trabajos realmente finos, el alambre telefónico o de fusibles es ideal.

Arriba: Un juego de herramientas básicas japonesas para bonsai. Pueden ser caras, pero son mucho más fáciles de usar que las herramientas occidentales, y justifican la inversión para quien se dedica en serio al hobby.

Suelos

La mayoría de plantas pueden sobrevivir durante períodos limitados en casi cualquier medio de crecimiento —arcilla, arena, incluso agua pura— pero para prosperar necesitan bastante más. Dado que los bonsais se cultivan en recipientes planos durante muchos años, sus requisitos son muy específicos. Pero antes de exponer recetas de suelos conviene considerar sus diversas funciones.

- La función más obvia del suelo es retener bastante humedad y nutrientes para asegurar un firme abastecimiento a las raíces entre un riego y otro.
- El suelo debe proteger de la podredumbre a las raíces por medio del libre drenaje del exceso de agua.
- También debe contener espacios con aire para que las raíces puedan respirar.
- Por último, el suelo fija el árbol a su recipiente, por lo cual no debe ser demasiado ligero.

Recetas de suelos

La receta estándar de suelo para bonsai, que ha sido ensayada y comprobada durante muchos años, contiene sólo dos ingredientes que, cuando se criban y mezclan en proporciones aproximadamente iguales, satisfacen los anteriores cuatro requisitos básicos.

NOTA: Todos los ingredientes del suelo deben estar bien tamizados para eliminar todos los terrones gruesos y, lo que es más importante, todas las partículas finas. Lo ideal es que el tamaño de las partículas oscile entre 2 y 4 mm. Las partículas más finas que éstas pueden presentar dificultades para humedecerse una vez se hayan secado. También obstruirán el suelo, impidiendo el drenaje y eliminando los espacios de aire. Para tamizar eficazmente los ingredientes es preciso comprobar que estén bien secos.

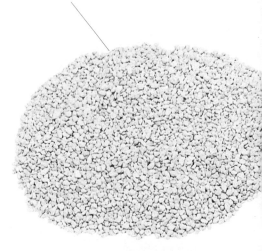

Lava volcánica triturada.

Mezcla básica: 50/50 arenisca y turba.

Materia orgánica

La materia orgánica satisface el primero de los cuatro requisitos mencionados anteriormente. Puede ser turba de musgo (como opuesta a la turba de pantano), hojas bien descompuestas, cortezas trituradas de árboles o cualquiera de los sucedáneos de turba que cada vez son más corrientes.

No use abono de granja o compost de jardín, aunque esté bien descompuesto, pues se corre el riesgo de introducir toda clase de enfermedades nacidas en el suelo. Si recoge su propio mantillo de hojas, extraiga todo el material no descompuesto, pues consumiría nitrógeno del fertilizante mientras continuase pudriéndose. Elimine también todos los insectos o gusanos que encuentre. Algunas personas esterilizan el mantillo colocándolo unos minutos en un horno microondas. Las hojas de roble, haya, castaño y pino producen la mejor textura.

Arenisca

La arenisca, o arena fina tamizada, mantiene abierta la estructura del suelo y añade peso, satisfaciendo así los tres requisitos restantes.

Puede ser muy difícil hallar arenisca adecuada, y muchas personas recurren a la compra de arena hortícola fina, y a cribar luego las partículas de tamaño inapropiado. Esto es extremadamente laborioso, y se despilfarra tiempo y

Más accesorios para bonsai: cucharas para suelo, red de plástico para cubrir los orificios de drenaje, una abrazadera robusta para doblar las ramas pesadas, sellador «Kyonal» para heridas y una escobilla de paja de arroz.

Arcilla japonesa «Akadama».

Arcilla calcinada (horneada)

dinero, pues sólo es útil aproximadamente un veinte por ciento del volumen original. No debe usarse nunca la arena fina de construcción, ya que a menudo contiene impurezas que pueden ser nocivas para las plantas.

La arenisca de roca, tal como se usa en los composts alpinos, es buena pero tiene bordes afilados que pueden dañar a las raíces si se utiliza sin cuidado. Así pues, trasplante cuidadosamente y no ejerza demasiada presión.

Con mucho, la mejor arenisca que he probado es la de granito. La superficie de cada partícula no es uniforme, pero no tienen bordes afilados. La arenisca de ríos de corriente rápida también es buena. Sin embargo, el tipo de arenisca no es decisivamente importante, siempre que esté incluida en la proporción conveniente.

Aditivos

Acondicionadores de suelo

El jardinero aficionado puede disponer de un creciente numero de acondicionadores de suelo, que van desde lava volcánica hasta arcilla calcinada (horneada). La principal ventaja de su uso es que realizan las mismas funciones que la materia orgánica y la arenisca a la vez. Eso significa que drenan bien, pero que también retienen la humedad. Algunos utilizan arcilla calcinada en lugar de materia orgánica, y otros consideran que los árboles cultivados en lava pura están perfectamente. Siempre vale la pena experimentar.

Arcilla japonesa

Muchos establecimientos especializados en bonsai venden ahora arcilla importada japonesa *Akadama*, producida específicamente para bonsai. Conserva su estructura granular cuando está húmeda, drena libremente, retiene la humedad y el aire y permite que las raíces crezcan a través de las partículas. Suena ideal, y ciertamente así es en Japón, donde el clima es previsible. Pero en otros climas quizá sea necesario regar más frecuentemente los árboles en verano, y mantenerlos a cubierto de lluvias excesivas en otoño e invierno. Sin embargo, vale la pena probar.

Fertilizantes

Si abona adecuadamente a su bonsai no es necesario añadir fertilizante al suelo, pero no perjudica incluir un poco de harina de huesos o de pescado. Añada algún compuesto de oligoelementos como costumbre periódica, pues ninguno de los ingredientes puede proporcionarlos todos.

Turba tamizada, obsérvese el tamaño de las partículas.

Arenisca de roca (izquierda) y granito triturado.

Arriba: Todos los entusiastas del bonsai tienen sus propias recetas preferidas, unas mejores que otras. Los ingredientes de arriba han sido probados y comprobados durante años, y se ha visto que son los mejores. Puede verse que no se ha incluido «loam», o tierra de jardín, debido a una muy buena razón: No sólo contiene enfermedades que nacen en el suelo, sino tambien se compacta rápidamente al regar, formando una masa densa y empapada. El compost de jardín, el abono de granja, y el compost pasado de hongos también tienen riesgos, pues pueden acarrear muchas plagas y enfermedades indeseables.

VARIACIONES

Pinos

Los pinos prefieren una mayor proporción de arenisca en el suelo —hasta el ochenta por ciento— y el rendimiento del árbol se reforzará notablemente si se incluyen agujas de pino en el mantillo. Hay unos hongos que se producen naturalmente asociados con los pinos, que cubren las raíces en una vaina conocida como micorriza. Esto descompone los nutrientes del suelo en una forma más accesible para el árbol en intercambio con una parte de los aportes nutricios del mismo. Aparecen unos finos filamentos blancos llamados micelios, que pueden hallarse exactamente debajo de la superficie del mantillo de pino.

Especies florales y frutales

La producción de flores y frutos requiere mucha energía, y cualquier interrupción del crecimiento debilitará la fuerza del árbol y reducirá su capacidad productiva. Por tal razón es mejor incluir materia orgánica extra o arcilla, para aumentar la reserva de nutrientes, y utilizar una maceta bastante profunda.

Macetas

Una maceta para bonsai es algo más que un mero recipiente para que la planta crezca. Es parte integral de la composición y debe complementar al árbol para formar una unidad armónica. Mostramos aquí una selección de diversos tipos de macetas e indicamos los estilos o las especies que mejor se les adaptan.

Además de las consideraciones estéticas, la maceta debe satisfacer algunos requisitos prácticos, por lo cual se deben tener presentes los puntos siguientes al adquirirlas:

• Compruebe que la maceta sea de loza de gres, a prueba de heladas, en contraposición con la loza de barro, que no tiene esa cualidad. Las macetas de loza de barro se desintegrarán rápidamente con las primeras heladas fuertes. Un sencillo test para distinguirlas es humedecer la superficie no barnizada de la maceta para ver si absorbe el agua. Si la absorbe es de loza de barro, y si el agua resbala es de loza de gres.

• El drenaje debe ser excelente. Los orificios deben ser al menos tres veces mayores en número y en tamaño que en una maceta convencional para flores.

• La base de la maceta debe ser plana, para que no se acumulen bolsas de agua. Compruebe que no haya muescas en las esquinas donde se fijan los pies.

• Todas las macetas deben tener pies, con el fin de dejar espacio para que fluya el agua drenada.

• Rechace las macetas barnizadas por el interior. Esto proporciona una superficie inhóspita para las raíces y podría hacer que el suelo se secara demasiado rápidamente alrededor del perímetro de la maceta.

Algunas jardinerías venden actualmente macetas de mica, a menos de la mitad de precio que las de loza de gres. Parecen auténticas, y son ideales como macetas de temporada o de formación, pero la superficie se quiebra fácilmente, y por tanto no son adecuadas para exposición

Arriba: Las hayas japonesas, Fagus crenata, *se cultivan por su sorprendente corteza blanca, y son apropiadas para macizos boscosos.*

Abajo: Las macetas miniatura son de forma y calidad similares a las normales, aunque suelen tener más colorido. Este arte es tan apreciado por algunos entusiastas, que han llegado a ser artículos de coleccionista por derecho propio, aun cuando no se utilicen nunca.

Derecha: *El sutil barniz azul de esta maceta rectangular se adapta especialmente a especies de flor con tronco grueso, como la azalea o el membrillo.*

Arriba: *Robustas macetas ovaladas con barniz crema, como ésta, armonizan con arces y olmos. Son demasiado delicadas para la imagen fuerte de las coníferas.*

Derecha: *El sutil barniz gris verdoso de esta elegante maceta rectangular armoniza con la mayoría de estilos y especies de hoja ancha, así como con alerces en estilo vertical informal.*

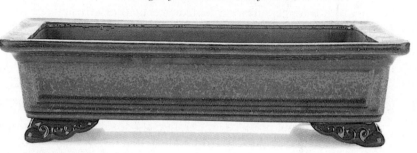

Arriba: *Maceta fuerte, rectangular, brillante pero sin barniz, adecuada para coníferas de tronco grueso, especialmente en el estilo de madera pelada.*

Abajo: *Maceta oval barnizada muy plana, diseñada específicamente para composiciones estilo bosque.*

Abajo: *Esta soberbia maceta para estilo cascada fue realizada en el Reino Unido por Derek Aspinall, uno de los cada vez más numerosos ceramistas occidentales que crean macetas para bonsai.*

Arriba: *Maceta marrón estándar, rectangular sin barnizar Kobi-ware. En caso de duda, puede servir para casi todo.*

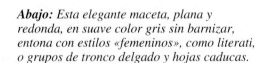

Abajo: *Esta elegante maceta, plana y redonda, en suave color gris sin barnizar, entona con estilos «femeninos», como literati, o grupos de tronco delgado y hojas caducas.*

Arriba: *Esta maceta estilo «tambor» se hace en diversos tamaños, y puede aplicarse para literati de tronco fuerte o estilos verticales formales. También puede usarse con éxito para estilos de tronco múltiple.*

5 ESTILOS CLÁSICOS DE BONSAI

El principal objetivo de bonsai es crear una forma típica de árbol en miniatura. Esas formas son numerosas, desde una réplica exacta de una clásica haya de parque hasta la imagen de un nudoso junípero, o enebro, de alta montaña azotado por el viento, cuyo diseño puede ser casi abstracto.

En la naturaleza hay una infinita variedad de formas de árbol que son imitadas en bonsai. Sería poco práctico, e incluso imposible, nombrar individualmente todos estos estilos, por lo cual en el curso de los siglos los japoneses establecieron unas clasificaciones generales. Así definieron un número de estilos clásicos, cada uno de los cuales tiene reglas estéticas propias y diferenciadas. Se refieren a la forma, ángulo y proporción del tronco, número de troncos y situación de las ramas, etc.

Aunque sólo muy raramente es posible seguir estas reglas al pie de la letra, la tradición establece que hay que aspirar a lograrlo en todas las ocasiones. Una vez dicho esto, también es verdad que muchos de los bonsais más admirados del mundo rompen las reglas de algún modo.

Personalmente prefiero un enfoque al bonsai más suelto e inspirado que refleje la visión occidental de la vida, más liberal en general. Sin embargo, es extremadamente útil conocer las reglas que gobiernan los estilos clásicos, ya que permiten a los entusiastas del bonsai describir respectivamente sus árboles, y además ayudan al principiante a crear un diseño estéticamente agradable sin frustraciones innecesarias.

Derecha: Este excelente Pino negro (Pinus thunbergii)*, de estilo vertical informal, propiedad de Peter Chan, es un ejemplo clásico de dicho estilo. Obsérvese el emplazamiento descentrado en la maceta.*

Una vez haya adquirido un poco de experiencia, puede romper las reglas a voluntad y dar rienda suelta a su creatividad.

ESTILO VERTICAL FORMAL - *CHOKKAN*
Tal como el nombre indica, es el más formal de todos los estilos. El tronco debe ser recto y muy erguido y rígido, en forma de cono uniforme desde la base hasta la cima. Las ramas deben estar dispuestas alternativamente a cada lado del tronco, y cada tercera rama hacia atrás. Las ramas deben disminuir en grosor y en longitud desde la más baja hacia arriba, y deben ser horizontales o algo inclinadas hacia abajo.

VERTICAL INFORMAL - *MOYOGI*
Es una variante del estilo vertical formal, pero es mucho más fácil de crear. Las reglas para la estructura de las ramas son las mismas, pero el tronco puede tener cierto número de curvas, tanto de derecha a izquierda como de delante atrás. Lo ideal es que las ramas crezcan desde el exterior de las curvas, y nunca desde el interior, pues eso crearía un shock a la vista. El ápice debe inclinarse hacia adelante. La ilustración muestra la forma ideal, pero algunas variaciones son perfectamente aceptables.

斜幹

INCLINADO - *SHAKAN*

Otra variación del estilo vertical formal, con la excepción de que no está erguido. El tronco suele ser recto, aunque puede tener una o dos curvas suaves. La situación de las ramas debe estudiarse cuidadosamente para estabilizar el diseño y evitar la impresión de que el árbol esté a punto de caerse.

AZOTADO POR EL VIENTO - *FUKINAGASHI*

Aunque es uno de los estilos más naturalistas, también es uno de los más dramáticos. El objetivo es captar la forma dinámica y el movimiento de un árbol situado en lo alto de las montañas o en un acantilado, donde está constantemente expuesto a los fuertes vientos predominantes. No hay reglas con respecto a la forma del tronco o a la situación de las ramas, pero a pesar de esta libertad es uno de los estilos más difíciles de crear con éxito.

吹流

Una de las características sobresalientes de este árbol es la formación de fuertes raíces en la superficie.

半懸崖

SEMICASCADA - *HAN-KENGAI*

Tanto este estilo como el de cascada (en la página siguiente) describen árboles agarrados al borde de precipicios, donde son batidos por la nieve, el viento y el desprendimiento de rocas. El tronco debe ser cónico y con curvas dramáticas, y lo ideal es que las ramas también caigan en cascada del tronco. La tradición indica que el ápice invertido debe estar directamente debajo del centro del tronco. La única regla inquebrantable es que el punto más bajo debe estar por debajo del borde de la maceta, pero no de su base.

懸崖 **CASCADA - *KENGAI***
La diferencia entre este estilo y el semicascada es que aquí el tronco debe caer por debajo de la base de la maceta. Todos los restantes criterios son iguales. Los buenos bonsais en cascada son raros a causa de la dificultad en mantener vigor en las partes inferiores del árbol, opuestas a su tendencia natural a crecer hacia arriba.

箒立 **ESCOBA - *HÔKIDACHI***
Este estilo sigue el modelo del desarrollo natural del zelkova (olmo), y raramente tiene éxito con otras especies que no estén relacionadas. Todas las ramas deben surgir de la parte superior de un tronco recto y bifurcarse disminuyendo a intervalos regulares hasta formar una red de finas ramitas con perfil de cúpula uniforme.

姿婆幹

MADERA PELADA - *SHARIMIKI*
Es una réplica de la apariencia natural de los juníperos (enebros) de montaña, que producen áreas de madera desnuda, blanqueada por el sol a medida que envejecen. Este estilo raramente tiene éxito en otras especies. El punto focal son las formas bellas y dramáticas del grano en la madera expuesta. Estas formas pueden ser naturales, pero es más frecuente cincelarlas, blanquearlas luego y conservarlas con sulfuro de calcio. Las masas de hojas, aunque reconociendo algunas de las reglas de otros estilos, sirven preferentemente de marco al tronco.

文人木

LITERATI - *BUNJINGI*
Este estilo es reminiscencia de los antiguos pinos, que tendían a desprenderse de sus ramas inferiores al envejecer. Recibe su nombre del estilo caligráfico de los antiguos artistas chinos. El punto focal del diseño es el tronco, por lo cual debe tener mucho carácter. Las ramas se limitan a la parte superior del tronco y deben tener sólo el follaje suficiente para mantener el árbol sano y vigoroso.

Derecha: La Pyracantha *forma un bonsai muy atractivo, especialmente cuando la belleza más bien femenina de las flores y de los frutos contrasta con estilos más masculinos, como cascada o este de raíces sobre roca.*

Un fertilizante rico en potasio estimula las flores y los frutos.

石上樹

Las raíces deben estar enterradas muchos años para llegar a ser tan gruesas como éstas.

Estilos clásicos de bonsai

RAÍCES SOBRE ROCA -
SEKIJÔJU

En terreno rocoso la escasa tierra sufre una erosión constante, y quedan a la vista las rocas y las raíces de los árboles que crecen entre ellas. Este estilo describe uno de esos árboles cuyas raíces, a medida que se hacen más gruesas, se agarran a las rocas debajo suyo. El propio árbol puede ser de cualquier estilo, aunque los estilos vertical formal y escoba parecen fuera de lugar. El factor más importante es que las raíces deben agarrarse firmemente a la roca y deben tener una textura madura.

石付

RAÍCES DENTRO DE LA ROCA -
ISHITSUKI

El propio árbol puede seguir cualquier estilo, lo importante es que se utiliza una roca en vez de una maceta, y las raíces crecen en una cavidad. La roca puede situarse sobre un plato plano de suelo o, mejor aún, sobre una bandeja. Las plantaciones mixtas de pinos con arces rojos o membrillos enanos y azaleas tienen particular éxito.

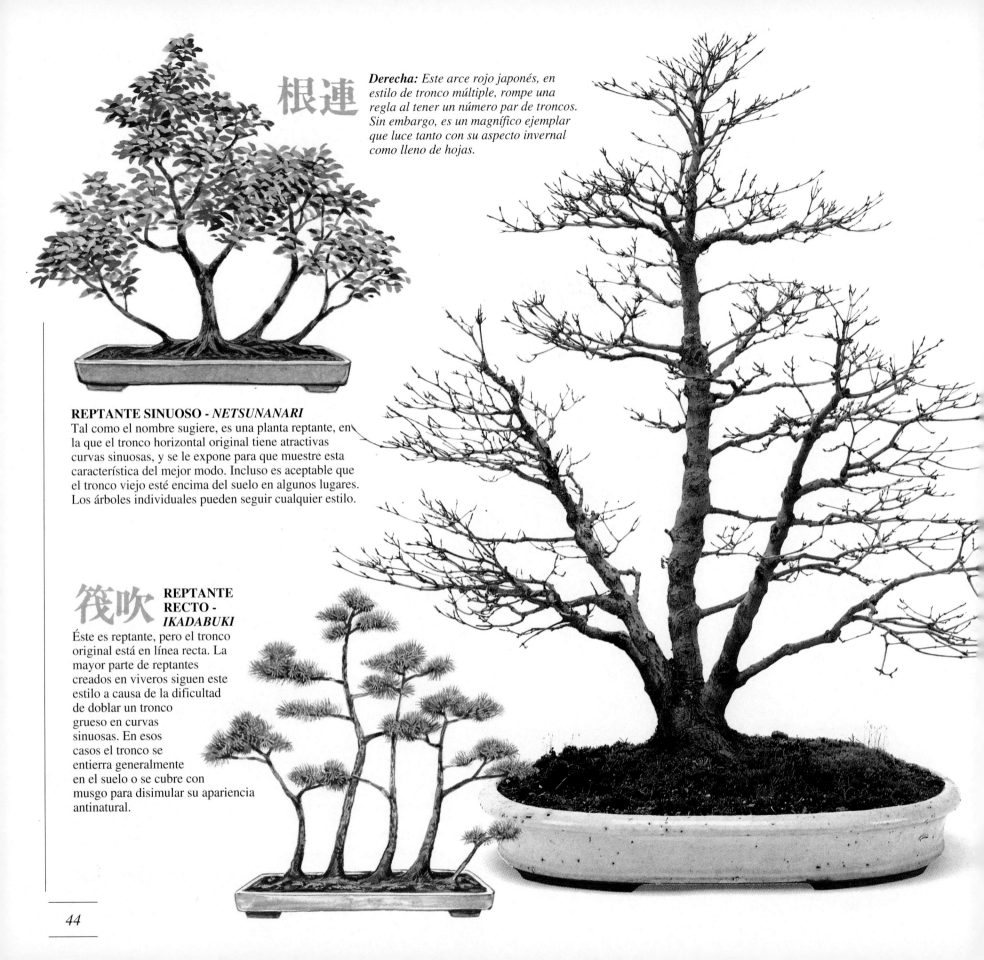

根連

Derecha: *Este arce rojo japonés, en estilo de tronco múltiple, rompe una regla al tener un número par de troncos. Sin embargo, es un magnífico ejemplar que luce tanto con su aspecto invernal como lleno de hojas.*

REPTANTE SINUOSO - *NETSUNANARI*

Tal como el nombre sugiere, es una planta reptante, en la que el tronco horizontal original tiene atractivas curvas sinuosas, y se le expone para que muestre esta característica del mejor modo. Incluso es aceptable que el tronco viejo esté encima del suelo en algunos lugares. Los árboles individuales pueden seguir cualquier estilo.

筏吹 **REPTANTE RECTO - *IKADABUKI***

Éste es reptante, pero el tronco original está en línea recta. La mayor parte de reptantes creados en viveros siguen este estilo a causa de la dificultad de doblar un tronco grueso en curvas sinuosas. En esos casos el tronco se entierra generalmente en el suelo o se cubre con musgo para disimular su apariencia antinatural.

根上

RAÍCES EXPUESTAS - *NEAGARI*

La mayoría de nosotros ha conducido por carreteras comarcales, donde escarpados taludes laterales se habían erosionado y podían verse las raíces de viejos pinos o hayas. Este estilo se basa en esos casos. Las raíces, que deben tener corteza madura y formas interesantes, añaden una apariencia rugosa y dramática, por lo cual el diseño del árbol debe ser reflejo de todo esto.

蟠幹

雙樹

TRONCO DOBLE - *SÔJU*

Dos troncos, uno menor que el otro, unidos juntos por la base. Los troncos que se dividen notoriamente por encima de la base son inaceptables. El tronco menor o secundario debe estar ligeramente detrás del dominante para reforzar la perspectiva. Los propios árboles pueden seguir cualquier estilo adecuado.

TRONCO RETORCIDO - *BANKAN*

El más antinatural de todos los estilos bonsai tiene fuerte influencia china. Se hizo popular durante cierto tiempo a principio de este siglo y se cultivó en gran número. Aunque todavía es popular entre algunos aficionados, raramente es aceptado en los círculos clásicos. El tronco forma espirales desde la base hasta el ápice mientras la estructura de las ramas sigue la del estilo vertical informal.

株立

TRONCO MÚLTIPLE - *KABUDACHI*

Cualquier número (impar) de troncos, que deben ser de tamaño diverso, y crecer todos de las mismas raíces. Se pueden crear a partir de chupones (brotes que surgen naturalmente de las raíces) o cortando un tronco grueso por la base y utilizando los nuevos brotes que surjan del tocón. Los árboles pueden ser de cualquier estilo. La ventaja hortícola de usar un tronco múltiple en vez de plantas separadas es que los árboles no compiten por el agua y los nutrientes.

寄植

BOSQUE - *YOSE-UE*

Este estilo está compuesto por el número de troncos que se desee, siempre que sean más de siete. El principal interés radica en la interrelación entre los troncos, que deben ser de diferentes tamaños y han de estar colocados de modo que den la impresión de profundidad y perspectiva. Tres troncos no deben formar nunca una línea recta, y ningún tronco debe tapar a otro al contemplarlos desde delante.

OTROS

Otras clases de bonsai con relación al tamaño: Shohin son los de hasta 25 cm de altura, y Mame, o bonsai miniatura, se define como «el que puede situarse cómodamente en la palma de la mano».

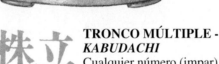

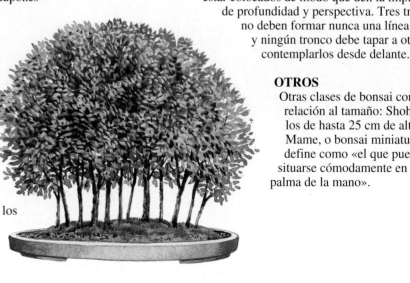

6 TÉCNICAS BÁSICAS

Trasplante y poda de raíces

El pensamiento de podar las raíces horroriza a la mayoría de novatos en bonsai, pero es esencial para mantener el vigor y la salud del árbol. Si se ignora el proceso, su bonsai llegará a quedar confinado en la maceta. Se debilitará, raíces y ramas se resentirán y eventualmente morirá.

¿Por qué podar las raíces?

En la naturaleza un árbol extiende sus raíces cada estación de crecimiento de la misma manera que produce nuevas ramas. Estas nuevas raíces realizan la mayor parte de la actividad, absorbiendo agua y nutrientes. A medida que el árbol madura, mueren algunas de las raíces más viejas, y son reemplazadas por otras nuevas y fuertes.

Sin embargo, en una maceta las cosas son diferentes. Es preciso reproducir artificialmente este ciclo para mantener sano el bonsai. Salud significa vigor, y un árbol vigoroso puede resistir mejor las enfermedades y puede superar los ataques de las plagas. También responderá mejor a las técnicas básicas de cuidados.

Un bonsai joven sano —hasta cumplir los diez años— en una maceta pequeña la llenará de raíces en una temporada, por lo cual es necesario podarlas cada año. Los árboles más viejos, especialmente las coníferas, tienden a crecer más despacio, y quizá tarden hasta cinco años en llenar la maceta. Sin embargo, no hay que asustarse, y conviene recordar que los problemas asociados con el confinamiento de las raíces tardan tiempo en presentarse, y así frecuentemente puede omitir la poda un año sin que su árbol corra riesgos.

Cuándo podar las raíces

Tan pronto como empiezan a crecer las raíces en primavera es el momento ideal para podarlas. Aunque es posible repicar en cualquier momento durante la estación latente, cuanto más tiempo esperen las heridas para regenerarse, más riesgo existe de daños por heladas y por ataques de hongos.

1 *Después de dos años, las raíces de este arce de tamaño medio, de hojas tridentadas, llenan la maceta, y deben podarse. Todas son sanas y, como puede verse, ya han empezado a crecer. Las finas raíces blancas verticales son de semillas de hierbas que germinaron después del invierno.*

2 *Levante al árbol de su maceta y desenrede cuidadosamente las raíces. Hágalo desde el centro hacia fuera. Use una aguja de tejer o un rastrillo.*

3 *Desenrede también la parte inferior de la masa de raíces, sin desgarrarlas. Cuando haya acabado, debe haber extraído aproximadamente un tercio del volumen total de tierra.*

4 *Pode las raíces de modo que las que queden no llenen la maceta. Utilice unas tijeras afiladas, pero no las mejores que tenga, ¡debido a la arenisca del suelo!*

2 Pase el alambre a través de la rejilla y de los orificios de drenaje y doble las «patas» apretándolas contra la base de la maceta.

5 Cubra la arena con una capa de suelo fresco, el cual debe estar bien tamizado para extraer todas las partículas finas. Haga un montoncito de suelo en el lugar donde va a colocar el tronco.

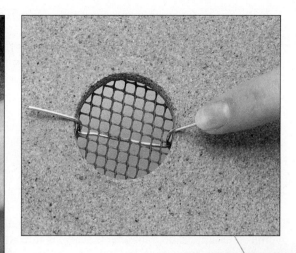

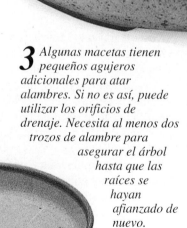

1 Puede trasplantar el árbol en el mismo recipiente, o en otro más adecuado, tal como hacemos aquí. En primer lugar, cubra los orificios de drenaje con rejilla, sujeta con ganchos de alambre como éstos.

5 Es importante podar también las raíces por debajo, pues de lo contrario el árbol se elevará en su maceta al crecer. Las raíces gruesas deben podarse a fondo para estimular un crecimiento compacto.

3 Algunas macetas tienen pequeños agujeros adicionales para atar alambres. Si no es así, puede utilizar los orificios de drenaje. Necesita al menos dos trozos de alambre para asegurar el árbol hasta que las raíces se hayan afianzado de nuevo.

4 Cubra el piso de la maceta con arena gruesa para facilitar el drenaje. Si la maceta tiene menos de 2,5 cm de profundidad, no necesita una vía de drenaje, dado que el suelo ya drena bastante libremente.

El momento exacto depende de lo avanzado de la estación, la ubicación geográfica y la especie. Los árboles caducifolios, especialmente los arces de hojas tridentadas y los olmos, empiezan a producir nuevas raíces a mediados de febrero en el sur del país, pero en el norte lo hacen un mes más tarde. El crecimiento de las nuevas raíces en los pinos no suele empezar hasta abril en el sur y hasta mayo en el norte.

La primera señal de actividad de las raíces es una ligera hinchazón de las yemas en las ramas del último año. Se puede comprobar más a fondo levantando suavemente el árbol de su maceta y examinando detalladamente las raíces. Si parece que las puntas se hinchan, el momento es adecuado. Si las puntas son blancas ya han empezado a crecer, pero la poda no las perjudicará si todavía no se han abierto las yemas nuevas.

Por otra parte, si su árbol está teóricamente a punto para el trasplante y las yemas han empezado a hincharse pero las raíces visibles aparecen marrones y muertas, esto puede ser señal de podredumbre. Por tanto, debe trasplantar inmediatamente, siguiendo las fases indicadas en el párrafo siguiente *Trasplante de emergencia*.

Es una buena idea inspeccionar periódicamente las raíces de todos sus bonsais, tanto si es el momento correcto para la poda de raíces como si no lo es. Esto es particularmente importante si el árbol aparece algo descolorido. La mayoría de veces, la falta de vigor o la caída prematura de hojas es un síntoma de un problema relacionado con las raíces como puede ser la podredumbre o el ataque de las voraces larvas de los gorgojos de la viña (*ver página 110*).

Después de trasplantar espere dos semanas antes de una poda a fondo y demore el abono de cuatro a seis semanas, o hasta que se hayan consolidado los brotes nuevos.

Trasplante de emergencia

Algunas veces es necesario trasplantar un árbol fuera de estación. Se presenta una emergencia cuando se inspeccionan las raíces de un árbol achacoso y se observa que se están pudriendo, o peor todavía, perdiendo. Esto puede ser debido a un ataque de hongos, muy probablemente como resultado de un drenaje pobre o de un exceso de abono, o por la voracidad de una plaga subterránea. En cualquier caso, debe procederse del modo siguiente:

• Deshoje todos los árboles caducifolios para reducir la pérdida de agua. No deshoje los siempre verdes.
• *Muy suavemente* desenrede todas las raíces muertas y el suelo. Luego, con la misma suavidad, escarde todo el suelo restante. Inspeccione detalladamente lo que queda, y extraiga todas las larvas y restantes raíces muertas. No corte ninguna raíz viva si puede evitarlo.
• Plante inmediatamente el árbol en un recipiente de mayor tamaño, utilizando una mezcla de suelo de al menos el ochenta por ciento de arena *y sin loam*. Entierre las raíces más hondas que antes y riegue, usando una solución de fungicida sistémico.
• Coloque el árbol en una unidad de cuidados intensivos —ya sea un túnel de polietileno húmedo pero ventilado, ya una cobertura casera de polietileno—, y pulverice al menos una vez al día.
• Mantenga un suelo uniformemente húmedo. Sólo debe haber la humedad justa para satisfacer las necesidades reducidas del árbol, sin pasarse para estimular a las raíces a crecer en busca de más. La utilización de un suelo extra arenoso ayuda a conseguir este equilibrio. No se debe abonar hasta que el árbol se haya recuperado totalmente.

1 Aloje el árbol en el montoncito de suelo, colocándolo descentrado, para un mejor efecto estético, con la superficie de la masa de raíces justo debajo del borde de la maceta.

2 Luego estire los alambres sobre la masa de raíces y retuérzalos hasta que el árbol no se bambolee. Acolche la corteza con trozos de gomaespuma.

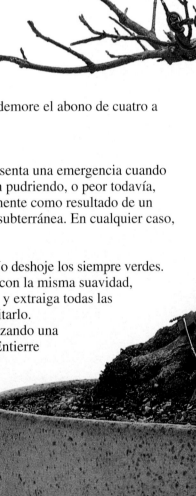

Derecha: Nuestro árbol recién trasplantado debe colocarse ahora en una posición protegida hasta que surjan nuevos brotes. No debe regarse de nuevo hasta que no sea realmente necesario, y no debe abonarse durante cuatro semanas, para evitar que se quemen las nuevas raíces más tiernas.

Este es un momento ideal para la singular operación del alambrado.

3 *Rellene los espacios restantes con suelo fresco. Si el suelo está virtualmente seco es mucho más fácil de aplicar, porque se desliza libremente y no se compacta cuando se trabaja hacia los espacios vacíos.*

4 *Trabaje el suelo entre las raíces, asegurándose de que no haya bolsas de aire. Los tradicionalistas recomiendan usar un palito, pero los dedos son más sensibles, y están más a mano.*

Obsérvese cómo han sido podadas las ramitas del último año para una yema que mire hacia fuera.

5 *Riegue bien el árbol recién trasplantado, pero use una regadera o pulverizador fino, para no arrastrar el suelo nuevo. Repita la operación unos minutos más tarde para asegurar una absorción completa.*

Dar forma con el alambre

El alambrado es el proceso más fundamental en la formación del bonsai, y permite la orientación deseada de ramas y tallos. Los principios del procedimiento de ligadura son sencillos, pero la habilidad para realizarlo tarda cierto tiempo en adquirirse.

Se enrolla alambre del calibre adecuado alrededor de una rama o tallo. Ambos pueden doblarse y manipularse hacia la posición deseada, y el alambre sustentará a la rama en su lugar. Después de un período de crecimiento, la rama se consolidará en esa posición y podrá extraerse el alambre (*ver página 53*).

El tiempo necesario para que eso suceda varía de una especie a otra. Las coníferas, especialmente los juníperos o enebros, pueden tardar varios años en consolidarse, y durante ese tiempo será necesario extraer y volver a colocar varias veces el alambre para evitar daños a la corteza. Algunas especies caducifolias pueden consolidarse en pocas semanas.

Las ramas más viejas y más rígidas también tardan más, y puede ser necesario doblarlas poco a poco repitiendo la operación varias semanas hasta alcanzar la posición deseada. Cada planta es un individuo, y sólo la experiencia puede enseñar hasta dónde se puede llegar antes de quebrar la rama, por lo cual hay que tomárselo con calma al principio.

Antes de embarcarse en su primer ejercicio de alambrado, debe practicar la técnica sobre una rama o ramita de un arbusto de jardín, que preferiblemente sea de una especie similar a la escogida para su bonsai. Compruebe el grosor de alambre que necesita, y hasta qué punto puede doblar la rama sin quebrarla.

Las ramas de este viejo junípero «shimpaku» de Japón deberían haberse alambrado en posición hace muchos años, mientras eran jóvenes y

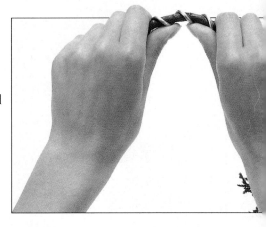

2 *Cuando doble la rama, hágalo gradualmente. Estire las manos para sujetar toda la extensión de la rama que sea posible, y utilice ambos pulgares como puntos de apoyo.*

3 *Una vez doblada la rama, el alambre debe sujetarla en posición. Si la rama se desdobla, el alambre es demasiado delgado, y si corta la corteza, está demasiado apretado.*

¿Qué tipo de alambre?

El alambre de aluminio se encuentra en todos los establecimientos de bonsai y en algunos sitios puede adquirirse por catálogo. Está anodizado para darle un oportuno acabado marrón, y puede ser caro. (Para este libro decidimos utilizar alambre de aluminio plateado porque queda mejor en las fotografías.)

Los japoneses utilizan tradicionalmente alambre de cobre para las coníferas, porque su poder superior de sujeción es más eficaz sobre sus ramas más elásticas. Si se utiliza alambre de aluminio debe ser mucho más grueso, y por consiguiente es menos estético.

El alambre de hierro recubierto de plástico se vende en dos grosores en los garden centers y puede utilizarse como último recurso, pero es demasiado rígido y consiguientemente más difícil de aplicar con seguridad. Aún más, si este alambre se utiliza sobre juníperos y la cobertura de plástico se resquebraja, dejando que el metal contacte con la corteza rota, puede reaccionar con el cámbium, convirtiéndolo en una masa negruzca y podrida,

1 *En su primer ensayo, utilice alambre bien grueso, que es más fácil de manejar. Sujete siempre firmemente la parte alambrada de la rama con una mano y enrolle el alambre con la otra.*

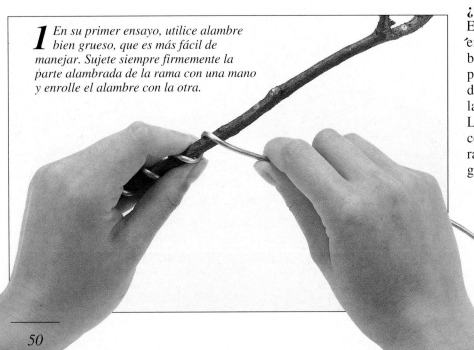

4 *Al alambrar ramas largas, reduzca el grosor del alambre a medida que disminuya el diámetro de la rama. Superponga los diferentes grosores dos o tres vueltas.*

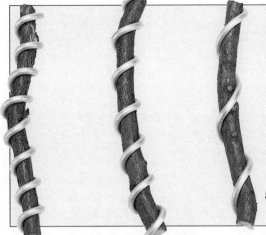

ALAMBRADO CORRECTO
En el ejemplo de la izquierda puede verse que las vueltas están demasiado juntas. Esto reduce la capacidad de sujeción y restringe el flujo de la savia.

En la derecha, las vueltas están demasiado separadas y tendrán muy poca capacidad de sujeción.

El ejemplo del centro muestra el alambrado ideal. Las vueltas están aproximadamente a 45 grados.

6 *Lo mejor es utilizar un solo trozo de alambre para dos ramas, lo cual proporciona una sujeción perfecta. Enrosque el alambre en las direcciones que aquí se indican.*

5 *Cuando alambre una rama lateral, asegure el alambre enroscándolo alrededor del tronco. Páselo siempre a través de la horquilla de la rama, tal como se indica.*

7 *También es mejor utilizar un solo trozo de alambre para ramas en horquilla. Tenga la precaución de enroscar en direcciones opuestas en cada rama, de lo contrario el alambre de la primera rama se desenroscaría cuando trabajase en la segunda.*

causando la muerte de la rama. Si se deja que permanezca sobre la rama más de una o dos semanas, el efecto puede ser incluso fatal para el árbol.

¿Qué grosor?

Con un poco de experiencia pronto será capaz de calcular el calibre de alambre necesario para cada rama. Quizá necesite utilizar dos trozos de alambre para las ramas pesadas, pero recuerde que esto sólo aumentará la capacidad de sujeción en un 50 por ciento. Por otra parte, doblar el grosor incrementará dicha capacidad el triple.

¿Cuánto?

Planifique anticipadamente su estrategia de alambrado. Decida dónde desea empezar y acabar el alambrado, y corte un trozo que sea al menos un tercio más largo que la rama. Si va a utilizar alambres dobles, dóblelos juntos. Empiece anclando el extremo donde se unen los trozos y enrósquelos juntos a lo largo de la rama.

Por ultimo, si no está satisfecho con el resultado de su primera tentativa, extraiga cuidadosamente el alambre cortándolo y ponga otro nuevo.

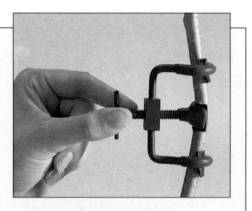

ABRAZADERAS

Algunas veces se desea realizar un doblez muy pronunciado, o alterar la dirección de un tronco o de una rama realmente gruesos, y no es posible lograrlo con ninguna cantidad de alambre.

Entonces pueden emplearse abrazaderas especiales como ésta. Las hay de diversas medidas, y la mayor puede doblar una rama de conífera de más de 2,5 cm de grosor.

Se debe tener la precaución de almohadillar la corteza ante la considerable presión que ejerce la abrazadera. Hay que evitar doblar demasiado de una sola vez: es mucho mejor dar una vuelta extra a la abrazadera cada semana hasta alcanzar la posición deseada.

1 Vista frontal de una rama caducifolia completamente alambrada. Obsérvese que las ramas laterales se despliegan como dedos extendidos, y que se evitan las líneas rectas.

2 Vista lateral de la misma rama. Es importante construir altura en las ramas de los árboles caducifolios, así como anchura. Hay mucho espacio entre cada ramita para futuros brotes.

3 Las ramas de pino se alambran para obtener una forma diferente. Las ramas laterales deben caer ligeramente en cascada desde la rama principal, formando una cúpula baja. La punta de cada ramita se alambra de modo que apunte hacia arriba.

Dar forma con el alambre

4 *Vista frontal de una rama de junípero, formada del modo tradicional para el estilo vertical formal. Obsérvese su forma triangular y que las ramas laterales están colocadas alternativamente. En los* juníperos y pinos, la extracción del follaje viejo como éste permite que la luz estimule nuevos brotes. Por alguna curiosa razón, el propio alambrado también parece tener un efecto similar.

EXTRACCIÓN DEL ALAMBRE

El alambre puede ser caro, por lo cual cabe la tentación de desenrollarlo una vez ha cumplido su objetivo, para utilizarlo de nuevo. Sin embargo, esto es arriesgado ya que es muy fácil dañar la corteza, o incluso quebrar la rama, al trabajar en sentido inverso. La rama se habrá hinchado, por lo cual el alambre estará más apretado que al aplicarlo por primera vez, y naturalmente tendrá enroscaduras, que dificultarán su manipulación.

Es mucho más seguro cortar el alambre con una desalambradora, que corta con la punta de las mandíbulas. Hay desalambradoras especiales japonesas diseñadas para este fin, pero su precio es elevado. Para empezar, pueden utilizar unas tenacillas de alambre eléctrico, de buena calidad, cuidadosamente elegidas. Se necesitan modelos de mango largo para llegar hasta los sitios difíciles. El daño que se pueda causar con las tenacillas a la corteza será superficial, y se curará mucho antes que los daños producidos por un desenroscado negligente.

Si está preocupado por el gasto innecesario de alambre «despilfarrado» de esta manera, formúlese esta pregunta: ¿Qué vale más, unos cuantos centímetros de alambre o un bonsai en desarrollo al que se han dedicado cuidados y muchas horas durante años?

5 *Si se deja el alambre demasiado tiempo, puede llegar a cortar así la corteza. Extráigalo por partes y, si la rama no se ha consolidado, vuelva a alambrar, enroscando en dirección opuesta.*

Poda de ramas

Cuando se poda una rama, la operación deja inevitablemente una cicatriz. En los árboles de tamaño normal la herida suele curarse pronto, y cualquier posible desfiguración es de consecuencias nulas o mínimas.

Sin embargo, dado que los bonsais crecen más despacio, el proceso de curación es también más lento, por lo que necesitan toda la ayuda que se les pueda dar. También se debe tener sumo cuidado para minimizar la posibilidad de hinchazones desagradables alrededor de la herida, y estimular a la cicatriz a formar parte del carácter del tronco.

La primera técnica muestra cómo ejecutar una poda simple, cuando se extrae una rama de tamaño pequeño o mediano. La segunda consiste en utilizar una herida más grande en provecho propio, vaciándola y convirtiéndola en una característica interesante.

Se deben tener presentes algunos puntos generales, como los siguientes:

• Utilice siempre herramientas muy afiladas. Lo ideal es esterilizarlas sumergiéndolas en alcohol desnaturalizado unos minutos. Esto tiene especial importancia al podar ramas enfermas.

• La capa de cámbium (entre la corteza y el corazón) debe sellarse contra las heladas, el agua y el viento seco. Si se deja expuesta, puede morir, aumentando el tamaño de la herida y retrasando el proceso de curación.

• No use nunca selladores con base de bitumen, pues secan mucho y es imposible extraerlos de la corteza de alrededor sin causar desfiguración.

• Abone bien el árbol después de una poda drástica, para acelerar el proceso de curación. Cuanto más vigor tenga el árbol, más pronto sanará.

• Los brotes no deseados que surjan alrededor de la herida deben eliminarse tan pronto como aparezcan. Si no se hiciera así se producirían hinchazones alrededor de la cicatriz, que aún causarían más desfiguración.

1 *Si no tiene herramientas de bonsai puede usar unas podaderas afiladas, preferiblemente del tipo «muelle», y no de los de «yunque», asegurándose de que la hoja sin corte esté más lejos del tronco.*

2 *Deje un pequeño tocón al principio, en vez de intentar cortar a ras del tronco. Es muy fácil dañar la corteza del tronco si no se tiene paciencia.*

3 *Si tiene podaderas especiales de ramas, utilícelas para acabar el corte tan cerca del tronco como sea posible. Sanará más limpiamente si se crea una ligera hondonada en la madera expuesta.*

CÓMO DISIMULAR LAS HERIDAS GRANDES

Algunas veces es necesario podar ramas realmente gruesas, causando heridas que normalmente tardan muchos años en curar. Incluso entonces, quizá sean demasiado grandes en proporción con el resto del bonsai.

Puede transformar estas cicatrices grandes en provecho propio vaciando la herida hasta el corazón. Si se realiza con cuidado, el resultado puede ser una característica de apariencia natural, que añadirá edad y carácter al tronco.

Puede hacer el hoyo tan profundo como quiera, dado que el corazón está esencialmente muerto, siempre que la albura y el cámbium queden intactos.

Arriba: *Se deben utilizar gubias o escoplos muy afilados al cincelar.*

Derecha: *Este tronco vaciado ha adquirido todo el carácter de un árbol antiguo.*

Mientras se desarrollaba este bonsai de olmo inglés fue necesario podar una rama en la parte delantera del tronco. Debería haberse evitado si hubiese sido posible, pues la cicatriz quedaba en el lugar más visible. Sin embargo, después de seis o siete años la herida ha sanado muy bien y está empezando a mezclarse con la corteza de alrededor.

4 *Limpie los bordes de la herida con una navaja muy afilada. Los bordes mellados sanan de modo desigual y es probable que alberguen esporas de hongos que posteriormente pueden infectar todo el árbol.*

5 *Selle concienzudamente la herida, especialmente alrededor de los bordes. Si no tiene sellador especial para bonsai, mezcle un poco de aceite de oliva con cera para injerto o arcilla infantil de modelar.*

Poda de mantenimiento

Cada año su bonsai echará nuevos brotes de las yemas creadas en las axilas de las hojas durante la anterior estación de crecimiento. Al cabo de pocas semanas estos brotes sobrepasarán los límites del diseño del árbol y le darán un aspecto deslavazado.

En un bonsai en desarrollo o semimaduro se puede dejar que estos brotes echen de seis a siete hojas antes de cortarlos. Al permitir este período de crecimiento libre, se agruesa el tronco y las ramas matrices y se fomenta el vigor general del árbol. Sin embargo, si se dejan crecer demasiado absorberán la savia de los tallos más finos y pronto los matarán. Surgirán nuevos brotes de las yemas en las restantes axilas de las hojas. Cualquier tallo díscolo, o los destinados a convertirse en nuevas ramas, deben alambrarse en esta fase.

Sin embargo, en un bonsai consolidado es necesario podar este crecimiento anual durante la estación latente, para dejar espacio a los brotes de la siguiente temporada antes de que sobrepasen el diseño. En el transcurso de las estaciones esta técnica de constante «corte-y-crecimiento» le recompensará con una estructura de ramas muy ahorquilladas, con todas las características de un árbol antiguo.

Mostramos aquí cómo realizar la poda de invierno de los árboles con hojas alternadas y opuestas —en este caso olmo inglés y arce japonés—. Recuerde siempre podar dejando una yema que apunte en la dirección en que desea se produzca el brote nuevo. Es posible dar enteramente estilo a un bonsai por medio de la poda si se tiene paciencia.

El mejor momento para realizar su poda de invierno es a finales de la estación, antes de que se hinchen las yemas, pero después de los peores fríos invernales. El retraso causado al árbol por podar yemas ya hinchadas es ligero, pero unos períodos prolongados de heladas podrían causar serios daños a un bonsai recién podado.

Cada invierno deben dedicarse muchas horas a la poda de mantenimiento en este arce de hoja tridentada para conservar la estructura de las ramitas finas.

1 *Durante la anterior estación de crecimiento este arce produjo algunos tallos largos. El primer paso es podarlos hasta dejar un tallo corto o ramal.*

2 *Cada pocos años es necesario podar las ramas más viejas para evitar aglomeraciones y para mantener masas limpias de follaje.*

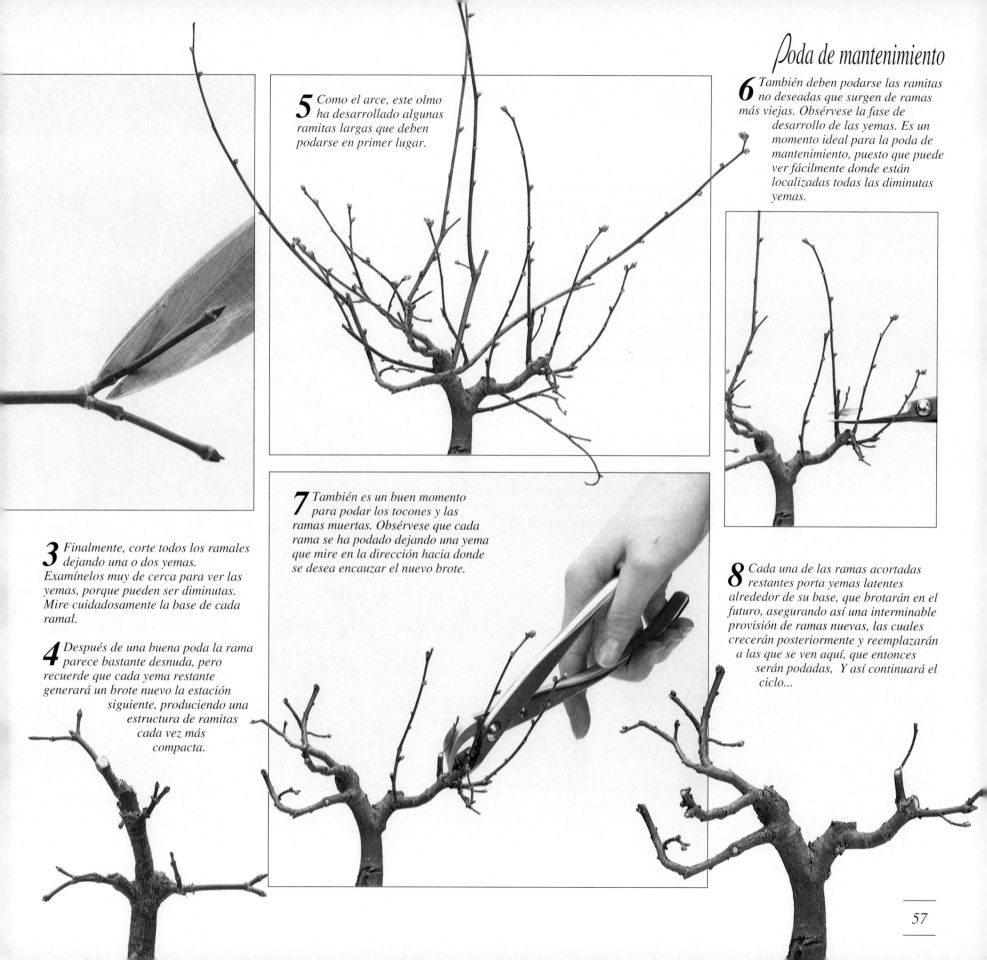

5 Como el arce, este olmo ha desarrollado algunas ramitas largas que deben podarse en primer lugar.

6 También deben podarse las ramitas no deseadas que surgen de ramas más viejas. Obsérvese la fase de desarrollo de las yemas. Es un momento ideal para la poda de mantenimiento, puesto que puede ver fácilmente donde están localizadas todas las diminutas yemas.

3 Finalmente, corte todos los ramales dejando una o dos yemas. Examínelos muy de cerca para ver las yemas, porque pueden ser diminutas. Mire cuidadosamente la base de cada ramal.

4 Después de una buena poda la rama parece bastante desnuda, pero recuerde que cada yema restante generará un brote nuevo la estación siguiente, produciendo una estructura de ramitas cada vez más compacta.

7 También es un buen momento para podar los tocones y las ramas muertas. Obsérvese que cada rama se ha podado dejando una yema que mire en la dirección hacia donde se desea encauzar el nuevo brote.

8 Cada una de las ramas acortadas restantes porta yemas latentes alrededor de su base, que brotarán en el futuro, asegurando así una interminable provisión de ramas nuevas, las cuales crecerán posteriormente y reemplazarán a las que se ven aquí, que entonces serán podadas, Y así continuará el ciclo...

Pinzado de verano

Una vez se ha llegado a establecer la estructura de las ramas, habrá bastantes brotes nuevos que aparecerán cada primavera, con suficiente follaje para sostener el árbol, sin propiciar necesariamente un crecimiento en extensión, el cual absorbería la energía del resto del árbol, concentrándola en las puntas de los brotes. Esto priva de nutrientes a las finas ramitas interiores y el follaje adicional impide que les llegue la luz adecuada. El resultado es que las ramitas finas mueren y todo el proceso de desarrollo de ramitas debe empezar de nuevo.

En primer lugar tenemos que construir y encauzar este proceso de las ramitas finas. Una vez hecho eso, las masas de follaje resultante deben podarse y equilibrarse de acuerdo con el diseño. Estos fines se consiguen por medio del pinzado o desmoche de las puntas de todos los nuevos brotes cuando aparezcan.

Las diferentes especies producen brotes de diferentes formas, y las técnicas siguientes se han desarrollado para acomodarse a los cinco tipos más corrientes.

• En los árboles de hoja ancha los brotes nuevos surgen de las yemas en las axilas de las hojas restantes.
• En los pinos las yemas nuevas se formarán en la punta donde se pinza el brote, así como más adelante sobre brotes más viejos.
• Los alerces y los abetos sólo producirán nuevos brotes de yemas que ya son visibles en la rama o alrededor de la base de la rama y de un brote más viejo.
• Los juníperos echarán nuevos brotes de cualquier rama o tallo que tenga follaje, y necesitan un pinzado constante durante toda la estación de crecimiento.

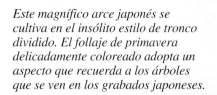

Este magnífico arce japonés se cultiva en el insólito estilo de tronco dividido. El follaje de primavera delicadamente coloreado adopta un aspecto que recuerda a los árboles que se ven en los grabados japoneses.

1 *Las yemas de abeto se abren para formar diminutos penachos de color verde brillante, que deben arrancarse antes de que se hayan alargado por completo. No pince todo el árbol en una sola sesión, extienda la tarea durante dos semanas.*

2 *A medida que las yemas de los pinos empiezan a crecer, se alargan, formando «velas» que deben cortarse en dos terceras partes antes de que se desarrollen las agujas. Gire y doble al mismo tiempo.*

3 *Los juníperos producen nuevos brotes prolíficos, formando un follaje compacto. Estos brotes adicionales se distinguen por su color más claro. Sujete el despliegue de follaje con una mano y estire arrancando todo el brote adicional con el pulgar y el índice de la otra. Con práctica, podrá desmochar grandes manojos de follaje en una sesión.*

4 *Los zelkovas y otras especies de hojas caducas producen nuevas hojas, una cada vez, en las puntas de los tallos. Esta hoja, y la diminuta yema en su base, debe pinzarse, usando tenacillas si fuera necesario.*

5 *Los arces producen nuevas hojas a pares, nacidas de un corto tallo adicional. Se deben pinzar ambas hojas, junto con la pequeña yema de desarrollo alojada entre ellas.*

Poda de hojas

Esta técnica final de refinamiento sólo es adecuada en especies con hojas caducas anchas. Produce una formación de ramitas compactas, muy finas, hojas pequeñas con color de otoño reforzado el año en que se aplica. La poda de hojas también puede emplearse como medio para reducir la transpiración después de un trasplante de emergencia fuera de temporada (*ver página 48*).

Dado que esta técnica causa cierto grado de estrés al árbol, sólo debe aplicarse cada tres años aproximadamente, y sólo sobre árboles sanos y vigorosos. Por ello su uso se restringe normalmente a los bonsais que se preparan para exposiciones. El tiempo ideal para la poda de hojas es a comienzo del verano, tan pronto como se hayan consolidado los brotes de primavera.

El principio es similar a la poda de ramas y al pinzado, ya que la reducción de follaje estimula la aparición de nuevos brotes laterales. Pero debido a que el follaje se extrae totalmente, el árbol experimenta un «falso otoño» y los brotes del año próximo se desarrollan en éste. Ello significa que habrá un número mucho mayor de tallos nuevos que antes, y consiguientemente más hojas.

Dado que el árbol sólo puede soportar —y sólo necesita— un volumen fijo de follaje, estas hojas reducirán considerablemente su tamaño. Además, como estas hojas sólo tienen que vivir media temporada, estarán en mejor condición en otoño, con colores más brillantes durante un período más largo.

1 Este arce campestre shohin recibió un premio al mérito de Saburo Kato, presidente de la «World Bonsai Federation». Al ser pequeño, necesita una poda periódica de hojas, para reducir el tamaño de éstas.

2 Aunque al principio pueda parecer un poco desalentador, aventúrese y empiece a cortar todas las hojas, una por una.

3 Corte exactamente debajo de la hoja, dejando intacto el peciolo o tallito de la hoja. Esto impide una sangría excesiva.

4 *La poda de hojas representa también una oportunidad ideal para comprobar el progreso de la estructura de las ramas. Los peciolos que quedan en el árbol caerán tan pronto como las hojas nuevas empiecen a surgir.*

5 *Después de una o dos semanas surge la nueva cosecha de hojas, más brillante y aún con más color que en los primeros brotes de primavera.*

6 *Menos de un mes después el árbol ha producido una cosecha completa de pequeñas hojas, brillantemente coloreadas, nacidas sobre tallos cortos.*

CREACIÓN DE SUS BONSAIS

Primeros pasos: esquejes

Las plántulas y los esquejes son gratis y fáciles de obtener, por lo cual son el material ideal para sus primeras tentativas de creación de bonsais. Si el resultado no es demasiado bueno, realmente no importa, pues probablemente tendrá otras plantas a punto para superar el fracaso inicial. Por otra parte, si el resultado es satisfactorio tendrá un bonsai que mejorará a medida que pase el tiempo prestándole la atención y los cuidados correctos.

Hemos trasplantado este esqueje para completar la demostración. Idealmente usted debería esperar hasta la primavera siguiente, para permitir que la planta tuviera tiempo para recuperar el vigor.

Cualesquiera que sean las especies que escoja, tanto plántulas como esquejes, la planta debe crecer vigorosamente antes de intentar la poda o el alambrado.

Para esta secuencia hemos seleccionado un esqueje de dos años de un enebro, *Juniperus squamata meyerii*, pues su follaje compacto nos permite crear un bonsai casi al instante. Con las especies caducifolias tendrá que construir la forma durante dos o tres años.

He aquí algunos puntos a recordar:

• No deje que la planta dicte el tamaño eventual del bonsai. Busque el «interior del árbol».
• Donde un tronco se ahorquille utilice la rama más delgada como directriz para reforzar la forma cónica del tronco.
• Deje tantas ramas como sea posible para mantener vigoroso el árbol, siempre puede podarlas otra vez en los años próximos.

1 *Aclare todo el follaje y tallos pequeños del tronco, dejando las ramas más grandes. Procure evitar dejar ramas opuestas.*

2 *No deje que el tamaño de la planta original dicte la dimensión eventual del bonsai. Aquí cortamos una de las dos directrices gemelas, dejando un tallo lateral para formar una rama.*

3 *Ahora se acorta la otra directriz. Esta vez se deja un tallo lateral para que se convierta en la nueva directriz. Al proceder así, incrementamos la forma cónica del tronco, haciendo que el árbol parezca más viejo.*

4 *Para empezar a alambrar el tronco, coja un trozo fuerte de alambre y fíjelo en el suelo cerca del tronco. Elija un lugar donde no dañe a ninguna raíz.*

5 Sujete firmemente juntos el tronco y el alambre y empiece a enroscar. Agarre cerca del punto donde esté enroscando y vaya moviendo la mano a lo largo del tronco a medida que progrese.

7 Agarre toda la longitud del tronco que sea posible para extender la presión y doblarlo hacia la forma deseada. Introduzca algunas curvas desde delante hacia atrás así como de un lado a otro.

6 Luego alambre las ramas, utilizando un trozo de alambre para dos ramas, tal como se describe en la página 51. Alambre hasta la punta de cada rama.

8 Doble las ramas hacia abajo, asegurándose de que haya algunas en la parte posterior. Doble cerca del tronco. Despeje cualquier brote que mire hacia abajo.

Después de un par de horas nuestro junípero ya parece un árbol pequeño. A medida que pase el tiempo el tronco se hará más grueso y se completará la masa de follaje. Se podarán las ramas bajas y se permitirá que otras se extiendan, de modo que la forma se desarrolle y se refine gradualmente.

Primeros pasos: plántulas

En la actualidad la mayoría de bonsais se crean reduciendo plantas más grandes o cultivando ramas sobre troncos preformados. Sin embargo, todavía existe un lugar muy importante para el cultivo de bonsais a partir de semillas. Eso ayuda a aprender el sistema de crecimiento de cada especie y permite llegar a conocer mejor la estructura de los árboles. Y lo que aún es más importante, al cultivar un bonsai a partir de las semillas, puede crear un arbolito casi perfecto a muy pequeña escala, sin necesidad de grandes cicatrices de poda, jins, etc. Poder exponer un delicado bonsai, impoluto y bien formado, cultivado por uno mismo a partir de semillas es algo sumamente satisfactorio y gratificante.

Una vez trasplantada su plántula tal como se indica en la página 25, déjela crecer sin controlarla durante el resto de la estación, ya que es importante que tenga un sistema consolidado de raíces antes de empezar a intervenir. Al año siguiente, a final de primavera o principio de verano, o tan pronto como el nuevo brote esté fuerte, puede hacer la primera poda. El objetivo de la misma es forzar a la plántula a producir ramas laterales, y es la poda más drástica que necesitará hacer nunca. Una vez que las ramas nuevas hayan crecido un poco, puede llevar a cabo el alambrado inicial, tal como se muestra aquí.

Puede plantar su nuevo bonsai en un recipiente plano pero de buen tamaño al principio de su tercera temporada de crecimiento. A partir de ahora, un año tras otro, el continuo proceso de alambrar concienzudamente los tallos nuevos en posición y de pinzar regularmente las puntas de los brotes producirá gradualmente una estructura de ramas increíblemente realista, con abundantes hojas diminutas.

• Es esencial no acelerar el proceso. Recuerde que está «construyendo» la forma final del árbol de la misma manera que la naturaleza. Cuanto más tiempo tarde en conseguir la forma final, mejor será el resultado.
• Procure planificar por anticipado el tamaño y la forma finales del bonsai y disponer las yemas que encauzarán los nuevos brotes en la dirección deseada.
• No dejar nunca que crezcan tallos prófugos fuera de control. Harían que la rama matriz fuese desproporcionadamente gruesa con respecto a las otras y arruinarían el diseño. Por tanto, deben podarse para que vuelvan a brotar.
• Deje que los nuevos tallos echen tres o cuatro nudos de hojas y luego pode. Si cada rama creciera demasiado pronto hasta su longitud final previsible, no produciría horquillas.

1 *Esta plántula de un típico espino blanco está empezando su tercer verano. Se la poda por encima exactamente de tres diminutos ramales. Obsérvese la posición y el ángulo del corte.*

2 *Después de tres meses los ramales se han convertido en tallos fuertes. Dos de ellos llegarán a ser ramas, y el tercero la nueva directriz. Fije el alambre en el suelo antes de enroscarlo en el tronco.*

3 *Ahora puede darse forma al tronco. Dóblelo desde detrás hacia adelante y también de un lado a otro, evitando curvas exageradas.*

Primeros pasos: plántulas

6 Con los años se permitirá que la forma triangular se vuelva más redondeada, pues cada yema producirá un nuevo tallo, el cual, a su vez, puede convertirse en otra rama.

La poda del ápice estimula la formación de más ramas.

4 Se han alambrado las ramas uniformemente alrededor del tronco y bajándolas a una posición horizontal, con una serie de curvas gradualmente menores en el tronco.

Este espino blanco de 18 años se cultivó exactamente de la misma manera que se ha mostrado aquí. Se estimuló a la corteza para que se resquebrajase y agrietase envolviéndola holgadamente con musgo esfagnal húmedo durante un año.

5 Acortar las ramas más fuertes estimula que se formen otras nuevas, y también promueve el crecimiento lateral en las restantes. El objetivo en esta fase es un diseño triangular.

Plantas de garden center: Cotoneaster

Una de mis especies favoritas para bonsai es el *Cotoneaster*. Sus pequeñas hojas son de color verde oscuro brillante, tiene diminutas flores blanco-rosadas en primavera, y brillantes bayas rojas que permanecen en la planta desde final del verano hasta el invierno. Algunas variedades, como el *horizontalis*, que hemos seleccionado aquí, son caducifolias y proporcionan el valor añadido de los dorados y rojos del otoño. Los brotes son simétricos y enteramente previsibles, produciendo unas ramas y ramitas en forma de espina de pescado —ideal para la formación de bonsai en casi cualquier estilo.

Las plantas de garden center suelen estar bien abonadas y regadas pero viven demasiado juntas. Esto estimula tallos largos y vigorosos, que podemos utilizar en provecho propio en este ejercicio creando un estilo en cascada.

Debido a que va contra la naturaleza del árbol crecer hacia abajo, canalizará más energía hacia la copa a expensas de la punta de la cascada. Para compensarlo, se debe seleccionar una rama vigorosa para la cascada y mantener la cima más delgada. Pulverice regularmente un abono foliar sobre las partes más bajas y use un fertilizante para suelo sólo de vez en cuando.

Es muy corriente que las macetas de las cascadas extremas se coloquen inclinadas gran parte del tiempo y que sólo se pongan verticales para regarlas. Esto también puede ayudar a contrarrestar la tendencia del árbol a crecer hacia arriba, pero tiene sus inconvenientes. Puede ser que la maceta no drene demasiado bien en esta posición y que las hojas se giren de cara a la luz, por lo cual presentarán un aspecto extraño cuando se coloque vertical el bonsai. Las hojas tardan uno o dos días en reajustarse a su posición normal.

1 Este cotoneaster es típico de la producción de garden center, con ramas fuertes que crecen en todas direcciones, pero sin tronco perceptible. Inclinándolo a un lado, se aprecia su potencial para el estilo en cascada.

2 La esencia de un buen estilo en cascada es hacer que el tronco empiece su cascada tan cerca de la base como sea posible, por lo cual se le poda por la parte más baja del par de ramas pesadas.

3 Una rama restante se convierte en la nueva directriz y la otra se acorta para formar una copa baja y reducida.

4 Elimine los tallos amontonados y alambre el nuevo tronco desde la base hasta la cima, teniendo cuidado de no quebrar ninguna ramita debajo del alambre.

5 *Haga los dobleces del tronco tan agudos como sea posible, reflejando las tortuosas condiciones que sufren en las montañas los árboles en cascada natural. Los dobleces deben hacerse desde delante hacia atrás y de un lado a otro, y deben ser más compactos hacia la cima del tronco.*

La maceta profunda crea un equilibrio visual y hortícola.

6 *Cuando esté satisfecho con la línea del tronco, puede decidir sobre las ramas laterales que va a conservar. Procure hacer que surjan del exterior de una curva en el tronco. Es preciso limpiar todos los otros tallos del tronco, así como los manojos de follaje.*

7 *Las ramas deben caer en cascada del mismo modo que el tronco, con curvas similares, pero en menor escala. Obsérvese que las ramas esparcidas en la copa reducida también caen en cascada, dando unidad al diseño.*

8 *Deje algunos tocones cortos que sirvan de puntos de anclaje para el alambre cuando pode. Para la planta esto es mejor que anclar el alambre alrededor del tronco.*

Los bonsais en estilo cascada deben exponerse sobre pedestales altos, como éste en palisandro de China.

9 *Una vez plantado el árbol en una maceta adecuada para el estilo en cascada, pueden efectuarse los ajustes finales en las ramas. Ahora crecerá vigorosamente, especialmente en el extremo superior y en la base, por lo cual se necesitará una poda regular para mantener limpias las masas de follaje. Con el tiempo habrán de podarse más ramas.*

Plantas de garden center: Cedro

El estilo literati, aunque se encuentra frecuentemente en la naturaleza, recibe su nombre del hecho de que las formas del tronco fueron originalmente inspiradas por los trazos de los pinceles de los antiguos calígrafos chinos. Es el estilo más antiguo de bonsai y se estableció mucho antes de que llegara a ser popular en Japón. Es el eslabón original entre la horticultura y el arte.

En la naturaleza este estilo está invariablemente limitado a coníferas de montaña al descubierto, tales como el pino escocés, el alerce o el abeto, que pierden naturalmente ramas cuando maduran. Muy raramente es posible hallar un árbol caducifolio de cierta belleza en estilo literati.

La esencia del diseño es la línea del tronco, que debe ser cónica y debe presentar muchos cambios de dirección. Las ramas se limitan a la porción superior del tronco y el follaje se mantiene al mínimo —justo lo suficiente para mantener la salud del árbol.

En este caso utilizamos un cedro de garden center, cuyo atractivo inicial era la larga rama inferior, que eventualmente llega a ser la directriz. Es sorprendente la frecuencia con que la extracción de la mayor parte del tronco, y la selección de una rama más baja para ocupar su lugar, puede crear efectos dramáticos y aspecto antiguo.

Trasplante sólo en la misma sesión si está trabajando en primavera, en caso contrario espere hasta el próximo año.

1 Escogimos este cedro atlántico debido al potencial que ofrecía la larga rama baja.

2 Las raíces superficiales de esta planta estaban profundamente enterradas en la maceta. La fuerte red elástica, usada por el vivero al trasplantar, debe desenredarse y cortarse.

3 El primer paso obvio es extraer el tronco superior no deseado, dejando un tocón para formar más tarde un jin. El uso de una rama como nueva directriz aumenta la forma cónica y crea una curva aguda.

4 Luego se deben eliminar del tronco los ramales cortos y los penachos de follaje, así como del primer cuarto de cada rama. Entonces puede seleccionar las ramas que se van a conservar y las que se van a podar.

5 Se elimina la corteza del tocón del tronco original según la técnica del jin, y se alambra el tronco y las ramas. La esencia del literati es la línea del tronco y el follaje escaso, por lo cual sólo se dejan unas pocas ramas.

6 *Al dar forma al tronco, combine las curvas agudas con las graduales. Procure no hacerlas previsibles, y recuerde trabajar en tres dimensiones, no sólo en dos.*

8 *Afortunadamente el estado de las raíces es excelente, tal como puede verse. Debido a que este árbol se inclina considerablemente, debe ser alambrado firmemente en la maceta.*

7 *Una vez establecida la estructura básica de tronco y ramas, tiene lugar la limpieza final. Se deben extraer las yemas o los tallos que miren hacia abajo.*

El tronco ya se ha engrosado, y por tanto el alambre habrá de reemplazarse pronto.

Ajustes finales para dar forma al tronco.

Este nudo de raíz gruesa puede llegar a ser una característica interesante.

Derecha: *Tres meses más tarde, el árbol ha crecido considerablemente, y ya se le ha hecho el primer pinzado. A medida que el árbol se desarrolle, se le extraerán las dos ramas de la base (quizás incluso cuatro).*

Arbusto de jardín: Enebro

El estilo azotado por el viento (*Fukinagashi*) se inspira en los árboles que en la naturaleza crecen en acantilados, donde adquieren su forma por la constante exposición a los vientos predominantes. Aunque los principios que rigen su diseño son sencillos, puede ser difícil llegar a un resultado totalmente convincente, y ello depende en gran parte del potencial de la materia prima.

La especie más adecuada para este estilo son las coníferas, ya que las masas de follaje tienen contornos más limpios y se puede controlar el crecimiento con precisión. En los árboles caducifolios las hojas más grandes miran en todas direcciones, arruinando el efecto, particularmente en los bonsais más pequeños.

Escoja una planta que ya tenga tendencia a crecer hacia un lado, o tenga una rama lateral que indique potencial, la cual puede llegar a ser el tronco principal.

Mantenga el tronco y de la primera mitad a los dos tercios de la rama despejados de follaje. En la naturaleza los vientos no sólo dan forma a las ramas, sino también quiebran los tallos jóvenes, y sólo permiten nuevos brotes en las puntas, donde la fuerza del viento queda rota por el resto del árbol.

Este proceso debe ser imitado por el artista de bonsai en los años siguientes a la formación inicial del estilo. Ello conducirá inevitablemente a un crecimiento superextendido, por lo cual cada pocos años será necesario cortar todo lo posible las masas de follaje para hacer que rebroten. El resultado será la creación de una estructura de ramas cada vez más anguladas y con impresión de ser batidas por el viento, que incrementarán la belleza de su bonsai.

No tema nunca ajustar el diseño a medida que pase el tiempo extrayendo ramas o tratándolas con la técnica del jin, o creando sharis en el tronco. Cuanto más apariencia de «daños naturales» pueda crear en este estilo de bonsai, más impresionante llegará a ser.

1 Este junípero o enebro de China rebasó su espacio en el jardín de rocalla de un vecino. El cepellón está envuelto con una redecilla para mantenerlo intacto mientras trabajamos con el árbol.

2 Desde abajo puede verse mejor la línea del tronco principal. Empiece por extraer todos los tallos muertos y las ramas débiles y larguiruchas.

3 Ahora la línea del tronco está despejada, pero todavía hay que podar más. Los árboles azotados por el viento pierden ramas a medida que crecen, conservando algunas a sotavento.

Se ha completado la formación inicial del estilo. Ha desaparecido el tronco secundario, pues desentonaba del diseño general. Se ha dado forma a algunos jins con calor (ver página 77). A partir de ahora se permitirá que las ramas se extiendan a la izquierda, sin aumentar de volumen.

4 Se han extraído las ramas no deseadas, y se han pulido algunas de las más gruesas según la técnica jin. Ahora el árbol empieza a adquirir forma. El tronco menor de la derecha podría ser útil, por lo cual no se corta de momento. El árbol se sostiene en el ángulo correcto con ayuda de una maceta invertida.

5 Una vez alambradas las ramas restantes, se les debe dar forma a todas siguiendo la dirección que el soplo del viento ha marcado en el tronco, con curvas similares, pero en escala decreciente.

6 Ahora deben cortarse todos los tallos que miren hacia abajo para hacer énfasis en las líneas de ramas batidas por el viento, características de este estilo.

7 Obsérvese que las masas de follaje se han podado en forma de cuña estrecha –otro medio para reforzar la ilusión de un árbol sujeto a la acción de fuertes vientos predominantes.

Material de cultivo propio: Olmo siberiano

Este es uno de los ejemplos de la página 30. Es un olmo siberiano cultivado a partir de semillas y que ha crecido en terreno abierto durante seis años antes de ser trasplantado a principio de primavera hace un año. Se trata de árboles vigorosos, ideales para este método de formación de estilo.

Lo que estamos haciendo aquí en realidad es construir un bonsai. Empezamos por desarrollar un buen tronco con una línea interesante en forma de cono pronunciado. El siguiente paso es añadir las ramas. Como puede verse, tenemos muchas opciones. Muchas de las ramas más viejas son demasiado gruesas para curvarlas cerca del tronco, por lo cual nos concentramos en las más jóvenes y delgadas.

La mejor época para llevar a cabo un proyecto como éste es a mitad del verano, cuando el árbol aún tiene mucho tiempo para producir más brotes antes del otoño. Si se actúa demasiado avanzado el año los nuevos brotes no se habrán endurecido bastante antes de las heladas próximas y se marchitarán. Si se trabaja mientras el árbol está latente, el hielo puede penetrar en las finas grietas causadas al doblar las ramas, con el resultado de la muerte de las ramas enteras, lo cual significa volver a empezar.

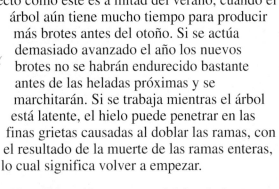

2 *Después de un par de semanas los tallos restantes se habrán recuperado y aparecerán más brotes. Sólo se utilizarán unos cuantos, y el resto se eliminará.*

• Al establecer la estructura básica de las ramas se deben evitar las líneas rectas (a menos que se esté produciendo un estilo vertical formal) y se ha de intentar curvar la rama en cada punto donde surja un tallo lateral. Recuerde introducir curvas verticales tanto como horizontales.

• Abone bien el árbol para estimular el crecimiento, pero reduzca el contenido en nitrógeno hacia final de verano para fortalecer los tallos jóvenes más tiernos.

• Deje que todos los tallos nuevos que surgen de las ramas crezcan sin control para engrosar las ramas matrices.

• Aplique los alambres con holgura, ya que las ramas engrosarán y se establecerán rápidamente.

• Después de eso controle el alambrado al cabo de tres semanas y luego cada pocos días. Tan pronto como observe que está demasiado apretado, renuévelo inmediatamente.

• En la primavera siguiente pueden podarse los tallos largos y alambrar en posición los seleccionados para formar las ramas secundarias. Debe dejarse que los brotes de éstas se extiendan hasta seis o siete nudos de hojas, y podarlos luego dejando dos o tres, los cuales también pueden alambrarse *holgadamente*. Este ciclo de «crecer y cortar» deberá repetirse varias veces durante la temporada. En uno o dos años este árbol puede plantarse en una maceta de exposición, y puede empezar la fase de refinamiento.

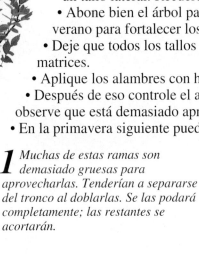

1 *Muchas de estas ramas son demasiado gruesas para aprovecharlas. Tenderían a separarse del tronco al doblarlas. Se las podará completamente; las restantes se acortarán.*

Abajo: *Al final de la estación las masas de follaje se han desarrollado bien. He cambiado la parte delantera, prefiriendo la línea del tronco desde este ángulo. En la primavera siguiente plantaré el árbol en una maceta adecuada para bonsai.*

UN RINCÓN PARA CUIDAR BONSAIS

Destinar un apartado rincón del jardín para árboles en diversas fases de cuidados es mejor que amontonarlos en su zona de exposición. Se pueden utilizar toda clase de recipientes provisionales, desde tiestos de flores hasta mis favoritos: viejas jofainas. Pueden practicarse orificios de drenaje pasando un tubo candente por la base.

Se vaciarán las grandes heridas como ésta, para añadir carácter.

Las raíces superficiales no son perfectas, pero un ligero cincelado o un injerto mínimo pronto las destacará.

Mi podadora automática de hojas. La oruga de mariposa no es perjudicial.

3 *Los tallos seleccionados se acortan y se alambran en posición. También se acortan los tallos laterales demasiado largos, para estimular un crecimiento tupido. En esta fase es una buena idea introducir curvas muy exageradas en las ramas, pues se volverán menos pronunciadas a medida que engruesen las ramas.*

Planta de jardinería ornamental: Pino escocés

La mayoría de garden centers grandes, particularmente los especializados en jardinería ornamental, tienen árboles y arbustos cultivados en recipientes. Pueden ofrecer un enorme potencial y, sorprendentemente, es más fácil trabajar con ellos de lo que pudiera pensarse inicialmente.

Aquí hemos escogido una variedad de pino escocés, *Pinus sylvestris nana*. Tiene un tipo de crecimiento compacto, echa prontamente yemas sobre ramas viejas y produce naturalmente agujas muy pequeñas. Otras variedades semejantes son *Beauvronensis* y *Waterii*. Evite las variedades que tengan agujas largas y brotes gruesos.

Aunque los bonsais de pinos japoneses se cultivan en muchos estilos: literari, cascada, madera pelada, etc., la inmensa mayoría de árboles comerciales son de estilo vertical formal o informal con tronco grueso. Estas formas completamente triangulares recuerdan más a los pinos jóvenes de Occidente. Si observa los pinos de su entorno comprobará que tienen un estilo propio, acercándose algunas veces al literati, pero con tronco relativamente recto y ramas en cascada. Éste es el estilo que perseguimos aquí.

Este tipo de operación puede llevarse a cabo en cualquier momento entre el comienzo del verano, cuando se endurecen las agujas nuevas, y el comienzo del otoño. Si realiza dicha operación demasiado tarde, las diminutas heridas causadas por las curvaturas de las ramas no tendrán tiempo de sellarse espontáneamente para hacer frente a las heladas invernales y pueden llegar a morir.

No es preciso completar esta tarea en una sola sesión, y es preferible dedicar varias semanas. En realidad el árbol se lo agradecerá, pues una operación en varias fases es menos traumática. Una vez completado el ejercicio de estilo, espere hasta el año próximo antes de trasplantar. Si entonces el árbol aún parece débil, espere otro año. Controle regularmente el alambre y sustitúyalo cuando llegue a estar demasiado apretado, enroscándolo en dirección opuesta.

1 *La materia prima. Tiene muchas ramas y un pequeño tronco secundario. El tronco principal se ahorquilla a media altura, y en primer lugar se elimina la horquilla más gruesa.*

2 *Los pinos producen siempre verticilos en ramas como éstas. Si se les deja permanecer forman nudillos gruesos y desfiguran el tronco. Deben podarse en todas las ramas, menos una o dos.*

3 *Se han podado la mayoría de ramas, dejando sólo las necesarias para el diseño. La parte delantera, que presenta la mejor forma de tronco, se marca situando un lápiz (o un palito) en la maceta.*

4 *Se coloca el tronco secundario de modo que sea visible desde delante. Se extraen todas las agujas viejas para facilitar el alambrado y estimular las yemas antes de alambrar la rama izquierda inferior.*

5 *Las ramas principales se colocan suavemente en cascada desde los troncos y se introducen curvas hasta el tronco superior. Se extrae la directriz original y se reemplaza por una rama más pequeña.*

Izquierda: *Se ha completado la primera fase. La copa en punta se redondeará más adelante. Incluso puede bajarse podando el ápice y reemplazándolo por una rama más baja. Las ramas se despejarán periódicamente para que broten nuevos tallos en ellas.*

6 *Los alambres no son suficientes para sostener el tronco secundario en su lugar, por lo cual se fija un torniquete en el borde de la maceta. Puede apretarse un poco cada varias semanas si fuera necesario.*

7 *Puede hacerse que las ramas gruesas se curven más cerca del tronco separándolas suavemente del mismo con una incisión y usando alambre grueso, o una piedra, para mantener abierta la hendedura. La herida debe sellarse.*

8 *Estas finas tiras blancas son micelios de un hongo micorriza, que ayuda al árbol a absorber nutrientes del suelo. Si los encuentra en una maceta, déjelos. Los áfidos de las raíces se parecen a primera vista, pero los insectos se distinguen claramente.*

9 *Después de más entresacado, se alambran las ramas secundarias. El bonsai está ahora adquiriendo forma, pero aún queda más por hacer. Debe alambrarse cada tallo para que mire afuera o arriba, para lograr forma de cúpula.*

Jins

Una acepción del vocablo japones *jin* es «deidad», pero su definición en términos de bonsai es bastante menos espiritual. Básicamente un jin es una rama muerta que ha sido despojada de su corteza. En la naturaleza el viento y la lluvia privan a esas ramas de su corteza, y el sol las blanquea. Pueden verse frecuentemente en la mayoría de coníferas viejas e incluso en algunos árboles caducifolios, especialmente el roble.

Por medio de la creación artificial de jins en un bonsai se puede lograr una impresión de mucha edad y, si se hace con cuidado, su forma y su color pueden complementar las masas de follaje muy vistosamente. Acostúmbrese a crear jins cada vez que pode ramas de coníferas, en vez de extraer completamente la rama. Si al cabo de cierto tiempo no le gusta el resultado, siempre puede podarla del todo.

Puede crear jins en la época normal de poda, pero la mejor estación es el verano, cuando la corteza está llena de savia y es más fácil pelarla, y la herida sanará antes.

Una vez haya hecho el jin puede darle textura arrancando el grano o puliendo y frotando con papel de lija hasta lograr la forma deseada. Un jin parecerá mayor con textura gruesa que con un acabado más fino. Así pues, recuerde que cuanto más pequeño sea el bonsai, más fino ha de ser el jin.

Otro punto importante a tener en cuenta es que en un bonsai en desarrollo las masas de follaje crecerán, pero el jin no. Si su nuevo jin parece demasiado grande ahora, piense que su proporción será mejor dentro de un año, por lo que no debe apresurarse en reducir su tamaño al principio.

Este enebro de China demasiado frondoso parece más un arbusto que un árbol digno.

1 *Para crear un jin, haga una incisión en la corteza alrededor de la base de la rama. Luego haga otra longitudinal. Haga el corte en «forma de ojo», según la marca blanca.*

2 *Comprimir la corteza con unas tenacillas de mandíbula plana ayuda a separarla de la madera. Tiene especial eficacia durante primavera y verano, cuando la savia está activa.*

3 *La corteza debe pelarse muy fácilmente. Si lo hace en otoño, quizás encuentre que la corteza está algo más seca, y puede ser necesario rascar la madera.*

4 *Puede crearse una forma y una textura de aspecto natural pelando tiras de madera, exponiendo el grano. Los jins quedan mejor si se los forma así en vez de cincelarlos.*

1 Las ramas de árboles vigorosos tienden a crecer rectas, pero un jin curvado podría ser más apropiado. Para doblar un jin recién formado, empiece calentándolo suavemente con una llama baja. Proteja del fuego el follaje próximo.

2 Después de unos minutos el calor ablandará la resina, haciendo flexible la madera. Esto permite doblar el jin en la forma deseada. No lo fuerce antes de que esté a punto.

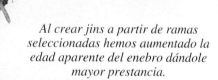

Al crear jins a partir de ramas seleccionadas hemos aumentado la edad aparente del enebro dándole mayor prestancia.

3 Sujete el jin en la posición deseada hasta que se haya enfriado completamente. Si no está satisfecho del todo con el resultado, puede probar de nuevo. La madera ennegrecida se blanquea fácilmente con sulfuro de calcio.

5 El jin formado puede refinarse, extrayendo cualquier borra con papel de lija fino, o con un trozo de cristal roto, aunque no deje el jin perfectamente suave.

6 En la naturaleza el sol blanquea los jins. En bonsai este efecto se consigue tratándolos con sulfuro de calcio, el cual conserva la madera. El sulfuro de calcio es pestilente, así que trabaje al aire libre.

Sharis

Los sharis están relacionados con los jins, pero reflejan una lucha mucho más dramática con la naturaleza, que causa la pérdida de corteza en el tronco. Puede ser el resultado de rayos, enfermedades, la lucha con los elementos, o quizá sólo el proceso natural de envejecimiento del árbol.

Al igual que los jins, los sharis son más apropiados sobre bonsais de coníferas, pero quien quiera inspirarse en árboles caducifolios puede observar los desmochados sauces de las tierras bajas con troncos divididos, o los viejos robles huecos.

El empleo extremo de sharis se aprecia en la creación de bonsais en el estilo *Sharimiki*. Se pulen y refinan para lograr maravillosas formas y texturas que llegan a ser más importantes visualmente que las masas de follaje. Es una verdadera escultura en vivo que, con el adecuado equilibrio de *Sharimiki*, árbol y maceta, representa el máximo nivel del bonsai como expresión artística.

- Es mejor dedicar varias temporadas para crear un shari extenso, estirando cada vez un poco más de corteza.
- La corteza es parte del sistema de transporte del árbol, por lo cual siempre se ha de dejar bastante para soportar el follaje. De ningún modo extraiga la corteza inmediatamente debajo de una rama, pues moriría.
- No deje nunca que un shari rodee completamente el tronco, ya que el árbol moriría por encima de ese punto.
- Los enebros vivirán felizmente con una espiral de corteza viva siempre que el shari se cree gradualmente durante varias estaciones. Los pinos aceptarán una curva suave, pero los abetos requieren una línea más o menos recta de tejido vivo desde las raíces hasta las ramas.
- Proporcione al bonsai los cuidados posteriores adecuados colocándolo en un lugar ligeramente protegido hasta que todas las ramas restantes produzcan nuevos brotes.

1 *Marque el trazado del shari con pintura blanca antes de la incisión. La línea del shari debe seguir la forma del tronco. Corte atravesado a la madera.*

2 *Si lo hace en verano, cuando fluye la savia, la corteza se desprenderá limpiamente. La zona oscura es donde la madera expuesta del shari original se ha oreado.*

3 *Selle los bordes del shari con tiras estrechas de masilla para evitar que se sequen.*

- El sulfuro de calcio conserva la madera expuesta al mismo tiempo que la blanquea, pero una aplicación sólo dura poco tiempo. Sin embargo, su efecto es acumulativo, por lo cual si se repiten las aplicaciones dos veces al año, casi se fosilizará la madera.
- Las áreas muy grandes de madera expuesta pueden empezar a pudrirse por la base, donde el tronco está constantemente húmedo. Estas áreas pueden tratarse con conservante hortícola claro, un poco cada vez. *Pero no deje que se escurra hacia el suelo.*

4 *Observe que shari y jins fluyen de uno a otro. Observe también que el shari va de un lado a otro del tronco, reforzando el movimiento natural de la línea del tronco.*

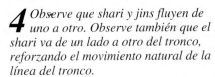

5 *Al igual que en los jins, la madera expuesta debe tratarse con sulfuro de calcio para conservarla y blanquearla. El viejo shari se mezclará con el nuevo después de un par de aplicaciones.*

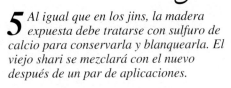

Refinamiento de la imagen

Cuando se haya refinado y arreglado completamente, y esté listo para exposición, el bonsai debe presentar una imagen como congelada en el tiempo. Cada rama debe estar perfectamente situada y claramente definida, con cada masa de follaje nítidamente podada flotando en su propio espacio.

Del mismo modo que en todas las actividades artísticas, mucho depende del gusto estético de cada persona, pero es sorprendente cuántos artistas expertos en bonsai parecen retornar siempre a los principios clásicos japoneses que, después de todo, han sido desarrollados durante muchos años.

En los bonsais japoneses clásicos existe una gracia y una elegancia que pueden dejarle literalmente boquiabierto. La habilidad para crear una imagen casi perfecta utilizando un número mínimo de elementos se ha desarrollado y refinado durante muchos siglos, y continuará estableciendo la referencia estándar en el futuro.

Ningún bonsai es perfecto, y el hecho de que todos ellos sean plantas vivas en crecimiento significa que están cambiando constantemente, y por tanto exigen una continua atención para mantener su imagen. Aun así, sólo

El ápice todavía está demasiado frondoso y aislado del resto del árbol. Si se despejasen las ramitas más bajas de la parte izquierda podrían resolverse ambos problemas.

Esta masa de follaje está demasiado redondeada y debe dividirse en dos masas más planas.

Hay demasiadas ramitas en esta zona. A medida que se llenen de follaje, será preciso extraer algunas.

Estos jins largos parece como si la fuerza centrífuga los tirase hacia fuera, dando energía al diseño.

Introducir textura en el shari cincelando, reforzará su apariencia.

El shari puede ampliarse en la base incluyendo parte de la raíz. Esto destacará visualmente la extensión de la raíz.

Esta delicada maceta oval es más adecuada que la rectangular original, pesada y marrón.

1 *Si se extraen todas las ramas, excepto una exactamente debajo de la curva superior del tronco, puede crearse un fino estilo literati. Se ha extendido el shari en espiral alrededor del tronco, y se ha seleccionado una delicada maceta redonda.*

2 *Igualmente dramático, este estilo barrido por el viento implica el cambio del ángulo de la planta, y se utiliza una losa en vez de una maceta. Se han eliminado algunas ramas de la derecha y las restantes se han realineado horizontalmente. Las masas de follaje son más largas y planas.*

Esta área todavía está demasiado frondosa y necesita poda y nueva formación.

Estas ramas están algo desordenadas, pero mejorarán una vez se completen las masas de follaje y se definan más claramente.

El shari puede extenderse alrededor de la parte posterior del tronco, para reaparecer en el interior de esta curva.

Las áreas negativas, o espacios entre las masas de follaje, hacen que el árbol parezca más viejo.

Eventualmente, con un pinzado constante de los nuevos brotes, todas las masas de follaje quedarán definidas tan limpiamente como ésta.

Aunque esta rama confiere estabilidad al diseño, es demasiado rígida y de forma juvenil. Debe estimularse a la masa de follaje para que se intensifique hasta que tape a la rama.

Hay que extraer o acortar drásticamente este pequeño y feo jin.

Izquierda: *Éste es el árbol utilizado en las páginas 76-79. Ahora se ha podado cada rama y se ha alambrado en posición. La operación de alambrado tardó en completarse un total de dieciocho horas.*

pueden ofrecer su mejor aspecto posible durante unas pocas semanas cada vez, después de lo cual empezarán de nuevo gradualmente a sobrepasar su forma ideal.

La imagen de este árbol se ha refinado por primera vez, pero el diseño presenta todavía muchos defectos. Durante los cinco o seis años siguientes se le someterá a procesos similares muchas más veces, mejorando previsiblemente en cada ocasión. Eventualmente puede alcanzar una fase que me satisfaga totalmente. En cierto modo espero que esto no suceda nunca, porque entonces se acabaría el desafío.

En algún momento del futuro, un nuevo propietario puede decidir cambiar la parte delantera, o el ángulo de plantación. Quizás incluso se cambie todo el estilo extrayendo y reformando ramas, o bajando el ápice.

Los comentarios y diagramas de estas páginas son una especie de análisis crítico del diseño existente, y ofrecen algunas sugerencias sobre estilos alternativos. Confiamos en que le ayuden en sus reflexiones durante los sosegados momentos contemplativos en que usted y su árbol planifican conjuntamente su futuro.

3 *El bonsai shohin de abajo utiliza sólo las dos ramas más bajas, que necesitan varias aplicaciones de alambre antes de colocarlas correctamente. La separación de la rama gruesa del tronco* (ver página 75) *mejora su ángulo. La parte superior del tronco se divide y dobla con calor* (ver página 77). *La ligera inclinación a la derecha crea una imagen más dinámica*

4 *Si se gira el árbol 45° en sentido contrario a las agujas del reloj, y se extraen las ramas superiores, se obtiene un estilo mucho más compacto. La rama inferior izquierda se ha reanimado desde atrás, y se han ensanchado todas las masas de follaje. El jin del ápice es opcional.*

PROYECTOS

Zelcova estilo escoba

Sólo existe una especie exactamente adecuada para este estilo, el olmo japonés de corteza gris, *Zelcova serrata*, y no es una coincidencia que en la naturaleza crezca en este hábitat. Pueden utilizarse otras especies caducifolias, pero ninguna va tan bien.

La creación de una estructura de ramas uniforme y geométrica require un método tan preciso como calculado, que tiene éxito casi siempre. El único problema podría ser la posición de las nuevas raíces cuando surgen del tronco cortado. Sin embargo, normalmente hay tantas que sería muy mala suerte no empezar bien.

La planta seleccionada debe tener un grosor de tronco entre dos y diez centímetros o más. Si el tronco es demasiado delgado será imposible ejecutar con precisión el corte inicial, y entonces lo más probable sería que los tallos brotasen de la parte de abajo en vez de hacerlo de la capa de cámbium expuesta por el corte.

Una vez se haya seguido la secuencia ilustrada, adopte un régimen anual para dejar que los tallos crezcan con cuatro o cinco hojas, y luego podar reduciéndolas a dos. Un árbol vigoroso y bien abonado exigirá este tratamiento varias veces durante cada estación de crecimiento. Pode las ramas cruzadas a final de invierno. Gradualmente construirá una red de ramas uniformemente espaciadas con internudos progresivamente decrecientes.

2 *Decida la altura que desea tenga el tronco –la proporción ideal es unas cuatro veces su anchura–. Con una sierra de dientes finos, muy afilada, efectúe dos cortes en forma de «V» desigual.*

1 *Antes de empezar, asegúrese de que la planta tiene buena salud y que está firmemente sujeta en su recipiente. Esto ayudará a evitar demasiado esfuerzo de las raíces durante el corte. La mejor época para esta técnica es a principio de primavera, antes de que la producción del nuevo follaje haya absorbido parte de la energía almacenada en el árbol.*

3 *Limpie los bordes rugosos con un cuchillo afilado y selle toda la superficie del corte, especialmente alrededor del borde, donde está la capa de cámbium.*

4 *En unas seis o siete semanas brotarán nuevos tallos a través del sellador. Algunas veces tardan más en aparecer, por lo cual se requiere paciencia.*

5 *Ate apretadamente una cinta impermeable alrededor de los tallos, para asegurar una transición suave del tronco a la rama sin feas hinchazones.*

6 *Los tallos nuevos crecerán rápidamente. Cuando alcancen este tamaño se habrán endurecido y estarán a punto para la poda.*

La poda periódica durante muchos años es responsable de esta estructura uniforme de las ramas.

El modelo de las ramas se refleja en la formación de las raíces superficiales.

7 *Se podan los tallos largos dejando sólo dos o tres hojas. Quizá sea necesario eliminar también algunos de los tallos más débiles.*

Arriba: *Zelkova en estilo clásico de escoba, o Hokidachi. Se puede tardar hasta diez años o más en desarrollar este fino trazado de ramitas.*

8 *Crecerán tallos nuevos de cada axila de hoja, los cuales, a su vez, también se acortarán. Será necesario repetir este ciclo muchas veces.*

Arce en estilo vertical informal

Una vez se ha permitido que un árbol joven alcance un grosor aproximado de un centímetro y medio es virtualmente imposible doblarlo. Aún más, si se le deja crecer libremente, carecerá de forma cónica y llegará a ser inservible con fines de bonsai. Sin embargo, puede aprovechar la flexibilidad natural del árbol para crear un estilo vertical informal con forma cónica, empleando esta técnica de «poda-y-crecimiento».

Puede utilizarse cualquier especie caducifolia, pero los arces japoneses son con mucho los de mayor éxito. El hecho de que tengan hojas opuestas, y consiguientemente produzcan tallos nuevos opuestos entre sí, crea un modelo mecánico de crecimiento. Esto permite situar las ramas exactamente en el exterior de las curvas en el tronco —lo cual estéticamente es más agradable— y significa también que la estructura de las ramas seguirá la forma angular del tronco.

El árbol que hemos escogido aquí tiene cinco años y ha crecido en terreno abierto durante los tres años últimos. Al igual que la mayoría de árboles de esta edad, ha conservado dos ramas débiles y pequeñas que marcan la posición del final del crecimiento de la primera estación. Se desarrollarán para que lleguen a ser la nueva directriz y la primera rama principal.

Si estas ramas no están presentes, aún podrá detectar los puntos o ubicaciones de las yemas latentes, de los cuales brotarán tales ramas. El corte inicial debe efectuarse con precisión, tal como ilustran las fotografías, y las nuevas ramas brotarán al cabo de unas semanas. Esta operación debe llevarse a cabo a comienzo de primavera, antes de que se abran las yemas.

Este proceso de permitir que los brotes crezcan y podarlos luego para obtener tallos o nudos adecuadamente situados debe repetirse de dos a cuatro veces —no más— antes de que se alcance la altura final. Un árbol con demasiadas curvas agudas en un tronco alto parece antinatural.

1 Las raíces de este arce japonés recién extraído del terreno abierto, se envuelven para conservar la humedad, mientras el tronco se corta directamente por encima de la base y de dos ramas o yemas latentes.

2 Se elige la rama de la izquierda para que se convierta en la nueva directriz y se poda en el punto donde se planea el próximo ángulo, justo encima de un par de yemas. La herida grande debe sellarse.

3 Seleccione una maceta grande de barro para estimular el crecimiento y el desarrollo rápido. Deben acortarse las raíces largas para promover una estructura compacta de raíces. Riegue y abone bien.

4 Plante el árbol en ángulo de modo que una rama quede horizontal, y la otra –la nueva directriz– apunte hacia arriba en ángulo similar al tronco, pero en dirección opuesta.

7 *Se han dejado dos tallos para que lleguen a ser la segunda rama y la nueva directriz. Esta vez también se ha dejado otro tallo detrás para que forme la primera rama posterior.*

8 *Algunas semanas más y el arce está a punto para la tercera poda de la temporada. El riego frecuente en un suelo con buen drenaje y el abono producen este vigoroso crecimiento, esencial para el desarrollo rápido del tronco.*

5 *Después de algunas semanas de crecimiento vigoroso, estimulado por un abono intenso, habrán brotado una masa de tallos nuevos. Se ha completado el primer ciclo y es el momento para más poda.*

9 *La tercera poda deja tres ramas laterales, una hacia detrás, y cuatro secciones de tronco. Un año más y se completará la estructura.*

6 *Los arces producen muchos tallos pequeños alrededor de las cicatrices de poda. Deben cortarse para que toda la energía del árbol se concentre en el desarrollo del tronco.*

Grupo de hayas

Para crear grupos de bonsai pueden utilizarse la mayoría de especies, con resultados que pueden ser satisfactorios casi instantáneamente. El efecto principal se consigue por la interrelación entre troncos de diferentes grosores y líneas, y la estructura real de las ramas es menos importante que en un árbol individual. Pueden crearse grupos apropiados a partir de plantas jóvenes y larguiruchas, que normalmente no se aprovecharían como árboles individuales, o sea que se trata de una buena manera de utilizar plántulas o esquejes que probablemente se desecharían.

Hemos elegido algunos esquejes de hayas con raíces, inicialmente destinados para setos. Este tipo de materia prima se vende habitualmente en grandes cantidades, por lo cual es muy barato, y siempre hay mucho donde escoger. Otras plantas adecuadas para setos son espino blanco, olmo, ligustro, arce campestre, etc.

Es importante seleccionar plantas de diferentes alturas y grosores para crear perspectiva e interés. Utilice números impares, son más fáciles de componer (en realidad los japoneses tienen una aversión supersticiosa a los números pares) y evite la tentación de utilizar demasiadas plantas al principio. Un grupo de más de nueve se convierte en un bosque, que está sujeto a principios estéticos ligeramente diferentes.

Cree su grupo a principio de primavera, y manténgalo en un lugar húmedo y bien ventilado, tal como un túnel de polietileno abierto por el extremo, hasta que se consoliden las raíces y sea evidente el crecimiento. Se necesitará poco alambrado o ninguno, puesto que el follaje tapará las ramas y servirá meramente como realce visual para el arreglo del tronco. Se eliminará toda rama que crezca hacia el centro del grupo, y a partir de ahí todo lo que necesitará hacer es podar los nuevos brotes y los tallos recargados.

4 Las bolas de arcilla mantienen a los árboles en posición mientras se les arregla en la maceta. Empiece con el árbol más alto, en el centro, y coloque a cada lado los dos que le sigan en altura.

5 Forme el diseño árbol por árbol, añadiendo los menores a los lados detrás para crear perspectiva. Inclinando los árboles con respecto al centro se logra la ilusión de mayor tamaño.

1 Estos esquejes de hayas no despiertan particular entusiasmo a primera vista, pero sus grosores y líneas diferentes son exactamente lo que necesitamos para crear un grupo.

2 Pode las raíces largas con unas tijeras afiladas, dejando tantas raicillas nutricias como sea posible.

3 Prepare una mezcla húmeda a partes iguales de arcilla y de turba fina entre las raíces, moldeándola en forma de pelota.

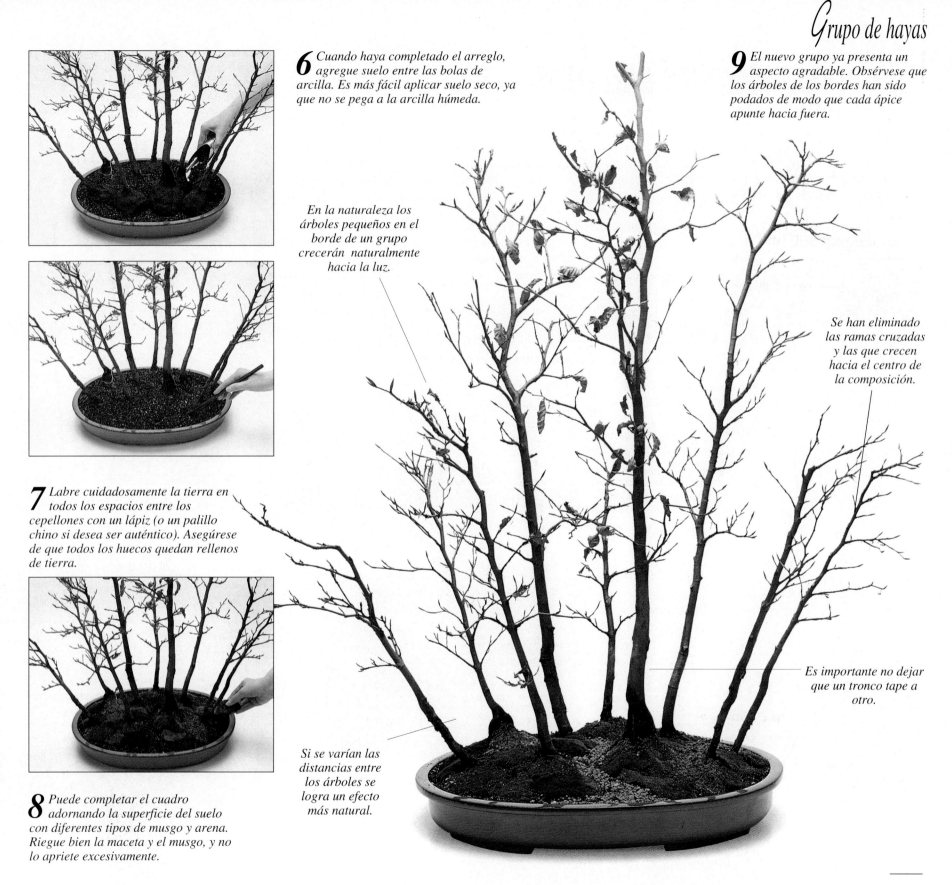

6 *Cuando haya completado el arreglo, agregue suelo entre las bolas de arcilla. Es más fácil aplicar suelo seco, ya que no se pega a la arcilla húmeda.*

9 *El nuevo grupo ya presenta un aspecto agradable. Obsérvese que los árboles de los bordes han sido podados de modo que cada ápice apunte hacia fuera.*

En la naturaleza los árboles pequeños en el borde de un grupo crecerán naturalmente hacia la luz.

Se han eliminado las ramas cruzadas y las que crecen hacia el centro de la composición.

7 *Labre cuidadosamente la tierra en todos los espacios entre los cepellones con un lápiz (o un palillo chino si desea ser auténtico). Asegúrese de que todos los huecos quedan rellenos de tierra.*

Es importante no dejar que un tronco tape a otro.

8 *Puede completar el cuadro adornando la superficie del suelo con diferentes tipos de musgo y arena. Riegue bien la maceta y el musgo, y no lo apriete excesivamente.*

Si se varían las distancias entre los árboles se logra un efecto más natural.

Un bosque sobre una losa

La mayoría de especies capaces de producir troncos delgados y relativamente altos pueden utilizarse para plantaciones de bosques, pero se deben evitar las que producen una proliferación de yemas, tales como el *cotoneaster* o el olmo de China. Se aglomerarían pronto y su poda sería una pesadilla. Los pinos raramente se utilizan en gran número, pues son proclives a enfermedades cuando se amontonan, aunque la mayoría de las restantes coníferas son adecuadas.

El punto más importante que se debe recordar al plantar un bosque es que debe tener profundidad y perspectiva así como anchura. Aunque la profundidad real de la maceta —o más frecuentemente de la losa— puede ser solamente de unos 35 centímetros, se debe crear la ilusión de varios centenares de metros al menos y dar a entender una profundidad invisible casi infinita. Hay unas cuantas reglas sencillas que, si se siguen, garantizarán una plantación con éxito.

• Se deben seleccionar plantas de diferentes alturas y grosores.
• La anchura se logra plantando los árboles más grandes hacia el centro y la parte delantera y reduciendo progresivamente las alturas a cada lado y detrás, inclinando los últimos ligeramente hacia fuera.
• La perspectiva se consigue plantando detrás los árboles mas pequeños, inclinándolos lejos del espectador.
• Unos árboles pequeños plantados delante parecerán más jóvenes en vez de lejanos. El hecho de que la vista tenga que ir más allá de ellos hasta los más grandes crea la ilusión de profundidad en la composición.
• Nunca debe haber tres árboles en línea recta, desde *cualquier* ángulo que se mire.
• Mirando centrado desde delante ningún tronco debe tapar a otro.
• Los troncos de los árboles más altos deben estar libres de ramas en su zona baja, para que se puedan apreciar los árboles más pequeños de delante y detrás, de modo que se distinga todo el bosque sin obstáculos.

1 *El primer paso es elegir una losa de piedra. Lo ideal es que sea de forma irregular y estrecha. Ésta es un trozo de pizarra de Devon, comprada en un garden center local. Tiene un metro de largo aproximadamente y es muy pesada.*

2 *Construya una muralla baja con mezcla húmeda de arcilla y turba fina, para evitar que el suelo se desparrame fuera de la losa.*

3 *Deje un margen generoso por fuera del muro y rellene el interior con una capa de suelo de 2,5 cm de espesor.*

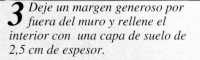

4 Escoja plantas jóvenes de distintos tamaños. Usamos plántulas de alerce de uno a tres años.

7 Repita la última secuencia en el otro extremo, utilizando árboles ligeramente menores.

5 Los árboles de bosques tienen troncos altos y limpios, por lo cual es necesario podar todas las ramas más bajas. Si se dejan algunas ramas bajas en varios de los árboles menores, parecerán más jóvenes, y se añadirá realismo a la composición.

8 Coloque ahora los árboles menores alrededor de estos dos grupos, dejando los más pequeños para el final.

6 Empiece colocando el árbol más alto hacia un extremo de la losa y cerca de la parte delantera. Añada un árbol algo menor a cada lado y un poco más atrás.

9 Agregue con cuidado suelo seco entre todas las raíces, y apisone suavemente.

Raíz reptante

Planta un árbol y déjalo crecer. Deja que ese árbol produzca semillas y después de quinientos años podrás tener un bosque.

Sin embargo, hay sistemas más rápidos y eficientes para crear bosques realistas en miniatura, y la técnica reptante es la más fiable de todas.

Tiene una ventaja básica sobre el método tradicional de emplear árboles individuales de distintas edades, que consiste en que cada árbol no tiene que competir con sus vecinos por la nutrición y el agua, por lo cual se minimiza el riesgo de muerte de los menores y más débiles. Además, cada árbol individual es idéntico a los otros en colorido y vigor.

El proceso es sencillo y puede aplicarse con éxito a cualquier especie. Todo lo que se necesita es una planta con tantas ramas como sea posible de diferentes grosores y longitudes, y que tiendan todas a crecer desde un lado del tronco. Ayudará al diseño el que la planta tenga también algunas ramas muy bajas, tal como puede verse.

Con el enebro Blaauws puede llevar a cabo esta operación en cualquier época entre febrero y junio, pero con otras especies es mejor a principio de primavera. Después de uno o dos años las nuevas raíces podrán soportar al árbol por sí mismas, y podrá cortarse la masa original de raíces.

Este enebro de agujas en estilo reptante es muy antiguo, y se ha desarrollado como un bonsai clásico. El tronco más alto mide cerca de un metro.

Todavía puede verse el tronco original exactamente debajo de la superficie del suelo.

1 *Los enebros Blaauws (*Juniperus media blaauwii*) como éste son corrientes en todos los garden centers, y además muy baratos.*

2 *Ponga la planta de costado y alambre todas las ramas hacia arriba. Procure extenderlas durante la operación para lograr un efecto tridimensional, e incline atrás las ramas más bajas hacia las raíces.*

3 *Corte algunas secciones de corteza en la cara inferior del tronco. Alrededor de las heridas se formarán nuevas raíces, que sostendrán al árbol cuando posteriormente se extraigan las raíces originales.*

Obsérvese que los troncos se abren en abanico desde la base.

4 *Desenrede cuidadosamente las raíces, especialmente por la parte inferior del cepellón, procurando no causar daños innecesarios. Hay que podar cualquier raíz gruesa que crezca hacia arriba.*

5 *Doble suavemente las raíces debajo del tronco y deposítelo todo plano sobre una capa de suelo de bonsai de 2,5 cm en un recipiente llano adecuado. Extienda las raíces sobre el suelo.*

6 *No se formarán nuevas raíces a lo largo del tronco a menos que se le recubra con suelo. Se pasa alambre a través de los orificios de drenaje para sujetar firmemente el tronco.*

8 *Puede añadirse musgo y arena para crear un efecto realista. Una vez que la nueva planta haya crecido un poco, pueden alambrarse adecuadamente los troncos y las ramas.*

7 *Amontone más suelo sobre el tronco y las raíces. Distribúyalo entre las ramas.*

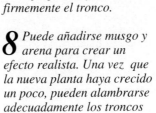

Shohin en estilo de raíces expuestas

Es muy fácil trabajar con este abeto enano (*Picea «minigema»*). El crecimiento es tan profuso y compacto que puede darle la forma del estilo básico de bonsai con muy poco alambrado. Tolera bien la poda de raíces y produce rápidamente yemas. Es una especie perfecta para crear *shohin* o bonsai miniatura. («Shohin» significa literalmente «bienes pequeños».) No hay restricción oficial en el tamaño de los shohin, pero generalmente no sobrepasan los 15 o 18 cm de altura. Los japoneses dicen que la sensación es más importante que el tamaño.

Los bonsais shohin necesitan un riego más cuidadoso, pues tanto en lo que respecta a secarse como a anegarse lo hacen más pronto que los árboles más grandes. Hay que mantenerlos a la sombra durante las horas más calurosas del día, y sus raíces necesitan una seria protección contra las heladas durante el invierno (*ver página 108*).

Tesoro oculto

Una de las cosas emocionantes con referencia a este tipo de materia prima es que nunca se sabe lo que se va a encontrar hasta que realmente se empieza a trabajar. En este caso la inspección inicial de las raíces al tratar de hallar el mejor ángulo de visión, reveló una masa de raíces gruesas que crecían como las patas de una araña desde un lado de la base del tronco. La intención original era crear un estilo vertical informal o uno semicascada, pero estas raíces son demasiado buenas para ocultarlas, por lo que decidimos dejarlas expuestas según el estilo «neagari».

1 *El denso follaje y el compacto cepellón indican que puede trabajarse con este pequeño abeto en cualquier momento en la primavera y comienzo del verano.*

2 *El primer paso es despejar todos los desechos y tallitos del tronco y ramas más gruesas, para poder ver más claramente la estructura interna de las ramas.*

3 *Después se podan algunas de las ramas bajas para dejar un tronco claramente definido. Un exceso de ramas haría que el bonsai pareciera demasiado joven e impediría que la luz llegase al follaje interno.*

4 *Colocar el árbol en la maceta en esta fase ayuda a juzgar más fácilmente las proporciones. Sin embargo, debe sujetarse bien el árbol a la maceta para evitar ulteriores daños a las raíces.*

5 *Es necesario podar más otra vez. Ahora se eliminan más ramas no deseadas y se limpian los brotes delgados de la base de las ramas restantes.*

6 *Sólo las ramas principales necesitan alambrado en este caso, y deben orientarse hacia un plano horizontal, para conferir la ilusión de vejez.*

Arriba: *Para dar estilo a este árbol sólo se necesita un alambrado básico. Con el tiempo se formarán nuevas yemas en la parte alta de las masas de follaje, dándole un contorno abovedado. Deberán podarse periódicamente.*

7 *La copa de cualquier árbol es más vigorosa que las partes inferiores, por lo cual éste necesita poda extra para evitar que derroche demasiada energía de crecimiento, y para mejorar su apariencia.*

8 *Por último deben podarse todas las raicillas a la vista, pues es probable que se marchiten. También deben podarse los tallos que crecen hacia bajo entre las masas de follaje.*

Raíces sobre roca

Uno de los estilos más dramáticos de bonsai es el que refleja la lucha de un árbol por la supervivencia en el duro terreno de la montaña, donde las raíces han tenido que trazar su camino entre las rocas en busca de agua y nutrientes. Con los años el escaso suelo llega a erosionarse y queda a la vista la formación de raíces agarradas firmemente a la roca. En bonsai, al igual que en la naturaleza, este proceso tarda muchos años en completarse, pero si se hace con habilidad y cuidado el resultado compensa y vale la pena.

Es esencial que se tome todo el tiempo necesario para seleccionar los materiales correctos para su creación. La roca debe ser bastante estable para no descascarillarse, por lo cual se han de evitar las losas blandas, la greda o la arenisca desmenuzable. También debe tener muchas grietas y fisuras para acomodar las raíces. La textura debe ser bastante fina para dar la impresión de una roca mayor, en proporción con el árbol.

Puede utilizarse prácticamente cualquier especie de árbol o de arbusto, pero se consiguen resultados más pronto con variedades de crecimiento rápido que tengan naturalmente raíces gruesas y carnosas, tales como arces, olmos, alerces, etc. Los pinos y los enebros tardan más en establecerse sobre la roca, aunque los resultados finales pueden ser sorprendentes. Se deben evitar plantas cuyas raíces engruesen muy lentamente, tales como el *cotoneaster* y la azalea.

Puede utilizar un recipiente profundo, como el que aquí se muestra o, mejor todavía, plantar el conjunto en terreno abierto y dejarlo crecer sin impedimentos durante tres años al menos. Una dosis de un fertilizante alto en fosfatos de vez en cuando propiciará raíces más gruesas.

Después de los tres primeros años puede levantarse la planta y pueden podarse las raíces que crecían más allá de la base de la roca. Entonces debe trasplantarse a un recipiente profundo. Cada año a partir de ahora, en la época del trasplante, puede extraer algo del suelo de la superficie, exponiendo gradualmente las raíces. Al mismo tiempo debe elevar algo la roca en el recipiente. No acelere este proceso. Recuerde que las raíces aumentan de grosor mucho más deprisa bajo tierra que expuestas al aire. Cuanto más tiempo espere, mejor será el resultado.

Durante este período puede tratar el tronco y las ramas, teniendo presente que cuanto más se restrinja el crecimiento superior más lento será el desarrollo de las raíces.

El tiempo exacto que tardará este proceso depende en gran parte del tamaño y de la especie pero, con suerte, después de siete u ocho años este feo objeto podrá plantarse en una maceta adecuada y súbitamente se convertirá en un fantástico y majestuoso bonsai.

3 *Quizá necesite probar varias plantas antes de hallar una con raíces adecuadas. Este olmo de China encaja perfectamente.*

4 *Coloque el árbol cómodamente sobre el lado de la roca. Un árbol situado en lo alto de una roca queda feo. Presione las raíces sobre las fisuras rellenas de arcilla.*

5 *Utilice cinta de rafia de polietileno o de nailon para atar firmemente las raíces a la roca. La cuerda o el alambre podrían dañar las raíces.*

1 *Este trozo de piedra caliza desgastada por el agua es ideal para el estilo de bonsai de raíces sobre roca. Tiene muchas grietas y parece muy antigua.*

2 *Mezcle arcilla húmeda y turba fina logrando la consistencia de barro para modelar y apriétela sobre las fisuras. Servirá de medio para que crezcan las raíces.*

6 *Luego envuelva la roca con polietileno y átelo. Esto obliga a las raíces a crecer hacia abajo, siguiendo las líneas de las grietas.*

7 *Si usa un recipiente, para empezar llene sólo un tercio del mismo con suelo, de modo que puedan enterrarse todas las raíces.*

8 *Los centímetros superiores pueden rellenarse con grava para impedir que las raíces crezcan hacia arriba. Al regar, deje que algunas evolucionen dentro del polietileno.*

Abajo: *Los arces tridentados son ejemplares excelentes para bonsais en el estilo de raíces sobre roca. Este gigante de 1,30 m es muy pesado. La forma del árbol armoniza perfectamente con la de la roca.*

En realidad se trata de dos árboles que han llegado a fusionarse. Sus hojas brotan en primavera con colores ligeramente distintos.

Obsérvese que las raíces siguen el relieve natural de la roca.

La roca japonesa Ibigawa *tiene todo el carácter de una montaña escarpada.*

95

Uniones de plantas y madera pelada

Aquí juntamos plantas vivas con madera pelada, para crear una sola unidad. Es posible producir un bonsai en este estilo «sharimiki» con material que de otro modo sería inservible. Los tradicionalistas desprecian a los bonsais creados de esta manera. Los japoneses les llaman *Tanuki*, o engaños, por no considerarlos de autenticidad fiable. La madera pelada debe estar sana y tratada con conservantes hortícolas incoloros varios meses antes de unirla a la planta. La etiqueta del conservante debe indicar: «Inofensivo para las plantas una vez evaporado el disolvente» o algo muy parecido.

Si la madera pelada tiene una base inestable puede acomodarla en una almohadilla de resina de fibra de vidrio, cemento o pasta de relleno de coche, dejando espacio para que el tronco y las raíces de las plantas se ajusten estrechamente a la madera. Asegúrese de que la almohadilla no tape los futuros orificios de drenaje. Las plantas experimentarán un considerable grado de cirugía, y por tanto es necesario que sean sanas y vigorosas. Los troncos deben ser bastante gruesos para sobrevivir si se les divide o rasca, un centímetro y medio como mínimo, pero no tan gruesos que no puedan mezclarse con los contornos de la madera. Debido a que esta técnica implica también molestias para las raíces es mejor realizarla a final de primavera.

Se puede necesitar de cuatro a diez años de vigoroso crecimiento para que el tronco vivo se ensanche y llegue a juntarse firmemente a la madera pelada. Durante este tiempo debe reemplazar anualmente la rafia o la cinta para evitar dejar cicatriz en la corteza. No caiga en la tentación de querer ver cómo marcha el proceso separando algo el tronco de la madera pelada. ¡Si consigue separarlo tendrá que empezar todo de nuevo!

Nota: No use nunca metales férricos sobre los enebros. La reacción entre el metal y la savia causa podredumbre alrededor de la herida. Esta reacción se extiende y mata rápidamente al árbol.

Arriba: Este enebro de aguja muy antiguo en estilo «madera pelada» es genuino, pero da una idea del tipo de imagen que se puede crear si se dedica suficiente tiempo.

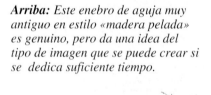

1 *Las materias primas. La madera pelada es el resto de un viejo árbol de Navidad tratado con conservantes (ver texto). Las plantas son enebro o juníperos Blaauws.*

2 *Primeramente rasque el tronco para formar una superficie plana que se ajuste bien a la madera pelada. Esto exige serenidad, un buen cuchillo afilado y pulso firme.*

3 *Compruebe el progreso de la tarea mientras la realiza, y haga los ajustes necesarios. Es importante que la superficie cortada se adapte estrechamente a la madera pelada.*

4 *Provisionalmente junte la planta en posición con alambre, y taladre orificios piloto en el tronco y hacia la madera pelada, cada cinco o siete cm.*

5 *Junte ahora firmemente la planta a la madera pelada con tornillos sólidos de bronce, **nunca** tornillos plateados o de acero. No deje que el destornillador se resbale, pues podría causar daños serios a la corteza restante.*

6 *Empuje los tornillos a través de la corteza para sujetar firmemente la planta. Las cabezas cicatrizarán en uno o dos años. Quizá sea necesario tallar la madera pelada para asegurar un buen ajuste.*

7 *A continuación ate fuertemente la planta con cinta impermeable. Yo uso tafetán de nailon: es fuerte y no se pudre. Esto estimula al tronco a ensancharse lateralmente al crecer, con lo cual agarrará más eficazmente a la madera pelada.*

8 *Plante el árbol en un recipiente grande para estimular un rápido crecimiento y desarrollo. Es mejor realizar este trabajo en primavera, para que las plantas puedan empezar a recuperarse enseguida, y tengan por delante toda una temporada de crecimiento.*

Injerto por perforación

Es el único tipo de injerto que recomiendo al aficionado. Por alguna razón rara vez se utiliza en la horticultura convencional, lo cual es sorprendente, porque es muy fácil de hacer y casi siempre funciona.

Su aplicación más sencilla es la creación de nuevas ramas para mejorar el diseño de un bonsai. Si se es realmente ambicioso se puede injertar toda una estructura de ramas de una variedad con hojas o flores atractivas, por ejemplo, sobre un tronco más interesante de variedad distinta que no tenga estas características que se desean. Es innecesario decir que tanto las ramas como el tronco deben ser de la misma especie.

El árbol que se muestra aquí tiene un tronco muy interesante y raíces bien extendidas, pero carece de ramas excepto en la copa. Por tanto, utilizaremos la técnica del injerto por perforación para crear nuevas ramas exactamente donde deseamos. El árbol ha sido preparado permitiendo que crezcan un buen suministro de tallos largos y flexibles.

1 *Compruebe los tallos que quiere utilizar para el injerto por perforación, asegurándose de que sean bastante largos y flexibles para colocarlos exactamente sin quebrarse.*

2 *Perfore con mucho cuidado un agujero a través del tronco, exactamente donde desea que crezca la nueva rama. Haga el agujero algo más ancho que el tallo.*

3 *Prepare cada tallo podando todas las hojas por la base del peciolo. Si en vez de ello las arrancase podría dañar al tallo tierno en esta fase. Procure no deteriorar las diminutas yemas de las axilas.*

4 *Pase el tallo a través del agujero en el tronco hasta que encaje bien o hasta donde llegue sin quebrarse. Procure no golpear las yemas.*

6 *Puede injertar tantas ramas como quiera en una sesión. A medida que se cura la herida y el tallo se hace naturalmente más grueso, las dos capas de cámbium se juntan, causando la unión del injerto.*

7 *Después de varios meses de vigoroso crecimiento el tallo es más grueso por donde sale del tronco que por donde entra, indicando que el injerto ha agarrado.*

INJERTO POR PERFORACIÓN DE RAÍCES

Puede utilizar la misma técnica para injertar raíces nuevas. Se perfora el agujero en la base del tronco y se pasa por él un tallo de plántula sana o un esqueje de raíz. Las raíces de la plántula se plantan en el recipiente del árbol huésped. Una vez ha agarrado el injerto se poda la porción superior del tallo, y la parte inferior se convierte en una nueva raíz superficial. La raíz a la derecha de la foto se injertó de esta manera.

5 *Selle el agujero por cada lado del tronco para evitar pérdida de humedad, lo cual separaría los bordes de la herida, y tardaría más tiempo en curarse.*

8 *Cuando esté seguro de que el injerto ha tenido éxito, puede cortar cada tallo por donde entra en el tronco y sellar todos los cortes. Proteja al árbol del sol fuerte y rocíelo diariamente durante unas semanas.*

Riego y abono

Riego

En teoría, si su bonsai crece en un suelo con buen drenaje (*ver pág. 36*), no debería caber la posibilidad de exceso de riego. Pero muchos principiantes, en su entusiasmo, se las arreglan para conseguirlo. El exceso de riego elimina el aire contenido en los espacios entre las partículas del suelo y ahoga las raíces. También propicia las condiciones para el desarrollo de diversos hongos que pudren las raíces. Los síntomas de raíces podridas (follaje amarillento y falta de nuevos brotes) no suelen manifestarse hasta que el daño ya se ha producido. Una vez dicho esto, pasan unas cuantas semanas antes de que el problema llegue a ser grave, por lo cual un riego de vez en cuando no perjudica. Por otra parte, un bonsai puede morir de sed en sólo veinticuatro horas, por lo cual es necesario evitar que el suelo se seque por completo.

Generalmente el mejor método es regar uniformemente la superficie del suelo, con una regadera fina o un pulverizador, hasta que el agua salga por los orificios de drenaje. Espere unos cuantos minutos y repita. Esto asegura un remojado completo del suelo y debe ser suficiente para un día durante la época más cálida del verano. Procure evitar regar un árbol que no lo necesite realmente. El aire puede secar la superficie del suelo agrietándola, pero la parte más profunda de la maceta puede estar aún muy húmeda. Si tiene dudas compruébelo raspando la superficie por un par de sitios y ajuste consecuentemente la cantidad de agua.

El mejor momento para regar es a principio de la noche. Esto proporciona al árbol mucho tiempo para beber antes de la mañana. Si riega por la mañana el árbol no tiene mucha oportunidad de refrescarse antes del calor del día. Si no puede evitar regar por la mañana, hágalo tan temprano como sea posible. Otra ventaja del riego vespertino es que puede mojar las hojas al mismo tiempo sin el riesgo de abrasarlas, causado por las gotitas de agua que actúan como diminutas lupas bajo el sol. Todo bonsai agradece una ducha diaria.

Advertencia: No suponga que la lluvia hará el riego por usted. Un bonsai actúa como un paraguas, y protege a la maceta de todo excepto

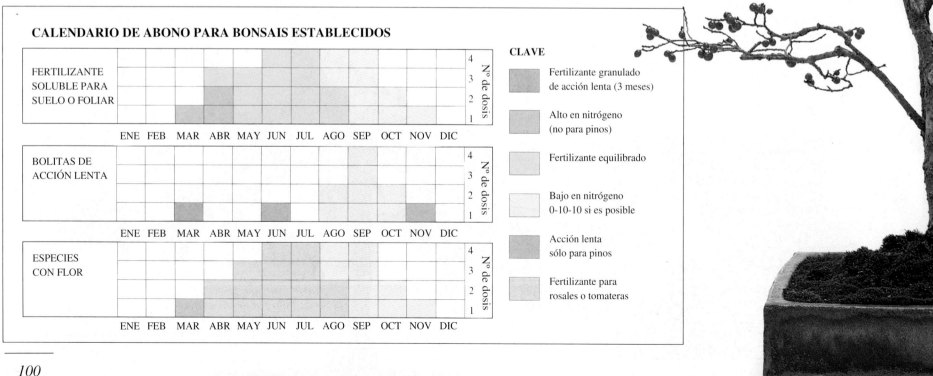

CALENDARIO DE ABONO PARA BONSAIS ESTABLECIDOS

CLAVE

- Fertilizante granulado de acción lenta (3 meses)
- Alto en nitrógeno (no para pinos)
- Fertilizante equilibrado
- Bajo en nitrógeno 0-10-10 si es posible
- Acción lenta sólo para pinos
- Fertilizante para rosales o tomateras

del aguacero más intenso. Sus vecinos quizá piensen que está loco, pero vale la pena continuar controlando la necesidad de agua incluso en tiempo lluvioso.

Abono

Puede constituir una fuente de gran confusión para el novato, pero el principio es realmente muy sencillo. Hay tres maneras de aplicar fertilizante: colocar bolitas sobre el suelo o dentro del mismo, regar sobre el suelo y pulverizar sobre las hojas (abono foliar). Cada método tiene sus pros y sus contras y la elección ha de basarse realmente en sus propias preferencias.

Bolitas fertilizantes

Las bolitas fertilizantes especiales para bonsai pueden encontrarse en todos los establecimientos especializados. Pueden ser de la variedad orgánica, tales como pastel de semilla de colza, o de la inorgánica. Las bolitas inorgánicas están recubiertas por una membrana porosa que permite pasar a los nutrientes por el proceso de ósmosis. Ambos tipos sueltan los nutrientes lentamente, lo cual significa que no hay que preocuparse por el abono durante un tiempo. El inconveniente es que no es posible ajustar la cantidad de abono sin riesgo de excederse, lo cual podría quemar las raíces (*ver página 16*).

Aplicación líquida sobre el suelo

Hay un gran número de fertilizantes solubles disponibles en garden centers y en floristerías, la mayoría de los cuales son adecuados. (Evite usar los indicados específicamente para plantas de interior, ya que tienden a ser demasiado ricos para los árboles.) Pueden aplicarse rutinariamente una vez por semana o, mejor aún, en una proporción de una cuarta parte en cada riego. *No use nunca una solución más concentrada de lo que indican los fabricantes.* Es una buena idea cambiar de marca de vez en cuando, para mantener una dieta equilibrada. El inconveniente aquí es que los nutrientes se desvanecen rápidamente del suelo, por lo cual se ha de ser muy estricto en el régimen de abono. Además, durante los períodos prolongados de tiempo muy lluvioso no podrá abonar los árboles, dado que no necesitan agua.

Abono foliar

La investigación ha demostrado que una planta puede absorber más nutrientes a través de sus hojas que a través de sus raíces. Muchos fertilizantes solubles estándar pueden aplicarse de esta manera así como a través del suelo, mientras que otros han sido elaborados específicamente para aplicarlos a través de las hojas. Esta técnica es particularmente útil cuando su bonsai tiene problemas de raíces o cuando el suelo está constantemente empapado por la lluvia intensa. Los fertilizantes foliares son fáciles de aplicar siempre que la operación no se haga a pleno sol, pues entonces las hojas podrían abrasarse. El único inconveniente es que en tiempo ventoso y cálido la solución se seca demasiado deprisa sobre las hojas y deja un depósito pulverulento que es difícil de limpiar.

Cualquiera de estos métodos de abono es adecuado para mantener con buena salud y con vigor a un árbol establecido, pero en ocasiones puede ser necesario utilizar un abono especial para estimular al árbol a que actúe de una forma específica. Antes de probarlo es necesario comprender algo más sobre el modo en que cada nutriente básico afecta al árbol.

¿NPK?

Estas letras figuran en los envases de todos los buenos fertilizantes y van seguidas por una secuencia de números, por ejemplo NPK 7:11:9,5. Las letras son los símbolos químicos de los tres nutrientes principales y los números indican su proporción. Cuanto más altos son los números, más fuertes son los fertilizantes. Para bonsai es más adecuado utilizar marcas con concentraciones más débiles.

Por tanto, nuestro ejemplo tiene siete partes de nitrógeno (N), once partes de fósforo (P) y nueve partes y media de potasio (K). Es una combinación bastante bien equilibrada para un crecimiento sostenido. Pero, ¿qué hacen realmente cada uno de estos elementos?

Este insólito y admirable bonsai en estilo de tronco múltiple es acebo japonés, o Ilex serrata. (¡Los japoneses le llaman acebo inglés!) Se le estimula a florecer y a dar fruto prolíficamente con una dieta alta en potasio.

Nitrógeno

Es responsable del crecimiento de las hojas y de los tallos y puede enriquecer el color del follaje. Sin nitrógeno una planta sólo produciría unas cuantas hojas atrofiadas y el crecimiento sería pobre. La salud de la planta se deterioraría rápidamente porque no podría llevar a cabo eficientemente el proceso de fotosíntesis. Con demasiado nitrógeno el crecimiento sería demasiado vigoroso. Nacerían grandes hojas sobre largos tallos llenos de savia que pronto rebasarían a su propia energía, y el árbol quedaría expuesto a cualquier enfermedad.

Fósforo

Es responsable primordialmente del crecimiento de las raíces. También estimula la formación de troncos gruesos y robustos, ayuda a fortalecer la planta contra enfermedades y heladas, y promueve la aparición de yemas. Un exceso puede producir deficiencias en el crecimiento y el colorido del follaje.

Potasio

El potasio, o potasa, es responsable de estimular las flores y los frutos y de propiciar el último crecimiento antes del invierno. Si no se incluye en la dieta de una planta, ésta quizá no florezca, y si lo hace las flores serán de mala calidad y no llegarán a dar fruto. El potasio contribuye también a aumentar la resistencia de la planta ante las enfermedades.

Programas especiales de abono

De lo expuesto anteriormente es fácil deducir la forma de utilizar cada elemento para producir resultados específicos incrementando su proporción en el fertilizante. He aquí algunas indicaciones sobre cuándo y por qué debe hacerse:

Los ojaranzos coreanos desarrollan naturalmente esta atractiva corteza veteada, incluso en los árboles más jóvenes.

• *El nitrógeno (N)* debe incrementarse cuando desee que una planta experimente un auge de crecimiento rápido. Esto es aplicable a las plantas jóvenes y en desarrollo que quiere que crezcan más antes de empezar a tratarlas. Si el follaje es pálido (no amarillo, lo que indicaría un problema de raíces) un poco de nitrógeno extra puede mejorar el color.

Debe aplicarse una dosis alta en nitrógeno a medida que el árbol lo necesite, no antes. Así en primavera, *después* de iniciado el crecimiento, o una vez que han surgido las hojas nuevas después de la poda de hojas, una aplicación de un fertilizante alto en nitrógeno repondrá los recursos del árbol.

• *El fósforo (P)* es especialmente útil después de trasplantar o cuando un árbol se está recuperando de un problema de raíces, por lo cual en esos casos puede aplicarse una dosis extra. En realidad, un fertilizante alto en fósforo y potasio ayudará a recuperarse de muchas enfermedades.
Incrementar el contenido de fósforo en la dieta a final de verano y principio de otoño fortalece al árbol de cara al otoño. Una pizca de superfosfato en polvo sobre la superficie del suelo constituye un sencillo método de aplicación.

• *El potasio (K)* debe incrementarse para todos los bonsais cuando florecen y dan fruto. Un fertilizante diluido para rosas o tomates es ideal ya que su fórmula es específica para aumentar el potencial de floración y de frutos. También puede incrementarse la potasa para ayudar a las plantas débiles a recuperar el vigor.

Se usa una barra separadora para mantener aparte dos troncos hasta que se fijan en la posición deseada.

El potasio extra suministrado durante el final del verano y el otoño ayudará al árbol a combatir los peligros del invierno. Un poco de sulfato de potasa esparcido sobre el suelo una vez por semana será suficiente.
Algunos establecimientos venden un fertilizante soluble especial denominado «0-10-10» que, como puede colegirse, no lleva nitrógeno y es ideal para el abono de final de temporada. Al adquirir fertilizantes asegúrese de que incluyen oligoelementos. Se necesitan sólo en cantidades mínimas, pero sin ellos su bonsai seguramente sufriría. Si decide utilizar productos que no contienen oligoelementos, debe añadirlos separadamente dos veces al año. Existen varios compuestos disponibles, pero será necesario buscarlos.
La tabla de la página 100 muestra el calendario de abono ideal, que proporcionará a su bonsai todo lo que necesita en su dieta y le mantendrá con buena salud.

Izquierda: *Las líneas del tronco del ojaranzo coreano (*Carpinus turczaninowii*) hacen que sea ideal para el estilo de troncos múltiples. El abono foliar es necesario para asegurar que los árboles más pequeños reciban su parte correspondiente de nutrición.*

1 *Las bolitas de fertilizante orgánico pueden distribuirse uniformemente sobre la superficie, o comprimirse ligeramente hacia el suelo. Se deshacen con el riego y sueltan gradualmente los nutrientes durante un período de unos tres meses.*

Esta línea ondulante del tronco es el resultado de podar drásticamente el tallo de una planta con hojas alternadas.

2 *El abono foliar puede aplicarse con un pulverizador manual o con una regadera. Un pulverizador permite el abono localizado de las ramas más débiles, para mejorar su vigor.*

Ubicación de sus bonsais

La elección del lugar para ubicar sus bonsais dependerá en gran parte del diseño de su jardín, pero también es importante tener en cuenta las necesidades de los mismos. Aunque distintas especies prefieren condiciones diferentes, sería útil poder situar toda su colección en la misma parte del jardín para hacer mucho más fácil el riego y la inspección de cada día. Las coníferas prefieren generalmente estar a pleno sol todo el día e incluso pueden tolerar el calentamiento del tiesto y del suelo. Algunas especies caducifolias resistentes, como el olmo, el abedul y el espino blanco, también disfrutan del sol, pero prefieren que sus raíces se mantengan mas frías. Para conseguirlo se las puede colocar de modo que sus macetas queden resguardadas del sol de la tarde por otros árboles.

1 *La pared aislante de policarbonato de un invernadero constituye un fondo ideal para los bonsais, como ésta de Herons Nursery. Obsérvese que los* suiseki *(bloques de piedra a la vista) añaden interés.*

Las especies con follaje más delicado, tales como los arces japoneses, los ojaranzos y las hayas deben protegerse de los vientos fuertes tanto como del sol. Las azaleas también sufren con un exceso de exposición al viento y al sol. Sin embargo, esto no significa que deban ubicarse en sombra total.

El sol matutino y el vespertino no suele perjudicar, pero durante las horas centrales del día deben estar a la sombra de un edificio próximo o de un árbol grande. Si eso no es posible, puede construir un pabellón de invernadero con un enrejado que simule las sombras moteadas de los márgenes de los bosques donde estas plantas prosperan naturalmente.

Todos los bonsais que crecen en macetas pequeñas necesitan cierta cantidad de sombra, con independencia de su especie. Las macetas pequeñas se calientan rápidamente, cociendo las raíces y secando el suelo. Lo ideal es una pantalla permanente a base de un tejado de rejilla que elimine el cincuenta por ciento de la luz solar.

Si no puede solucionarlo de ese modo, entonces ponga sus árboles delante de una pared orientada al oeste, pero recuerde darles la vuelta a intervalos regulares. De lo contrario las ramas posteriores languidecerían y podrían llegar a morir.

Coloque todos los bonsais sobre mesas o sobre bancos expresamente construidos —*nunca* sobre el suelo—. Cualquiera de las plagas conocidas por los jardineros: babosas, hormigas, gatos e incluso niños podría destruir su colección en poco tiempo. Además, cuando sus árboles se exhiben a nivel de la vista puede apreciarlos mucho mejor, y también puede localizar mucho antes las plagas y las enfermedades. Los bancos deben tener huecos en la superficie para permitir que circule el aire alrededor de los árboles, así como el drenaje del agua.

Deje abundante espacio entre los árboles para que las ramas más bajas reciban la luz y el aire. Gírelos de vez en cuando para que todos los lados de los árboles reciban su parte de sol. Los bonsais grandes pueden colocarse sobre postes recios de madera con una plataforma encima a modo de pedestal.

Si decide hacer las cosas en grande y construye un jardín para bonsais en estilo japonés, manténgalo sencillo. No caiga en la tentación de incluir demasiados farolillos, pagodas, budas de piedra y otros «gnomos de jardín» orientales. La inclusión de algunas plantas frondosas de poco crecimiento y de bambú enano puede ayudar a retener la humedad local, lo cual beneficiará a los bonsais.

2 *El enrejado de madera es menos eficaz que un fondo, pero proporciona una sombra matizada. Los árboles más grandes protegen del fuerte sol a los más pequeños.*

Derecha: *Este es mi propio patio posterior. Los cañizos filtran el sol durante la tarde, mientras que los árboles más grandes sobre los bancos reciben el sol todo el día. En tiempo muy lluvioso recubro con plástico los cañizos para evitar que se aneguen las macetas. La mayoría de los materiales son de segunda mano, y los artículos más caros son los ladrillos perforados donde se apoyan los bancos.*

3 *Las exposiciones abiertas al público deben protegerse frente a los visitantes curiosos con una discreta barandilla. Unas losas de pavimento colocadas sobre la grava gruesa guían al visitante. Hay dos árboles colocados temporalmente sobre la grava, a la sombra de un cedro, mientras se recuperan del trasplante.*

Preparación para una exposición

Cuando los bonsais están en una exposición pública se les somete a una inspección muy minuciosa. Es esencial que cuando exhiba sus obras de arte presenten el mejor aspecto posible. Deben estar resplandecientes con salud y limpieza impecables.

Deben extraerse todos los desechos, tales como hojas muertas o descoloridas, y en la superficie del suelo no debe haber malas hierbas. El tronco y las ramas principales necesitarán probablemente limpieza, al igual que la maceta.

Es muy tentador utilizar bambú o cañizo como fondo de una exposición, pero es demasiado «recargado» y distrae la atención de los árboles. Es mucho mejor utilizar una superficie lisa y clara, de color neutro.

Lo mismo es aplicable a la mesa, aunque pueden utilizarse esterillas tejidas de junquillo, siempre que los árboles se exhiban sobre soportes bajos de madera. Si no tiene soportes adecuados, puede construir algunas cajas bajas y pintarlas del mismo color que el fondo. Lo importante es la sencillez.

Las etiquetas deben ser pequeñas, con la información básica. Sólo necesita indicar la especie (el nombre botánico y el común), el estilo y la edad. También debe incluirse el nombre del artista o del propietario.

Recuerde también que al público le gustará tocar sus bonsais. Así pues, tome todas las precauciones posibles para evitarlo. ¡Se sabe que algunas personas han intentado coger esquejes en exposiciones de bonsais!

2 *Extraiga todas las malas hierbas y el musgo muerto, asegurándose de arrancar también todas sus raíces. De todos modos, ésta es una buena práctica general, incluso si no va a exhibir el árbol.*

1 *Revise cuidadosamente el contorno del árbol y corte todo aquello que lo altere. A menudo una fotografía revela defectos que no se aprecian a simple vista.*

4 *Se debe cepillar la corteza escamosa de los troncos de enebro con un cepillo de dientes viejo. Los tocones de corteza en lugares feos pueden restregarse con papel de lija.*

5 *Una vez extraída la corteza, se puede añadir color al tronco puliéndolo con un paño suave, sin hilachas, humedecido con **sólo un poco** de aceite vegetal.*

3 *Puede hacer más atractiva la superficie adornándola con suelo fresco. El suelo estándar con arenisca extra queda bien, pero la arenisca fresca sola es demasiado limpia y queda fuera de lugar.*

6 *Los árboles caducifolios tienden a acumular algas verdes sobre sus troncos y ramas. Aunque a algunas personas les gustan los troncos verdes, deben extraerse siempre las algas antes de una exposición.*

8 *Puede darse una pátina adicional a las macetas sin barnizar frotando la superficie con un dedo muy ligeramente impregnado de aceite. Demasiado aceite hará excesivamente brillante la superficie y arruinará el efecto.*

Arriba: *Esta exposición ganó un «Certificate of Special Merit» en la «National Exhibition» de 1989. Los soportes son sencillos, y todos los esfuerzos se han concentrado en la presentación de los árboles.*

7 *Las macetas barnizadas apenas necesitan lavarse, pero las que no lo están deben frotarse con estropajo metálico o un papel de lija fino para extraer todas las manchas y señales de cal.*

Protección invernal

La mayoría de especies totalmente resistentes toleran que sus macetas se hielen durante cortos períodos de tiempo. Incluso parece que los pinos y los abetos prosperan con este tratamiento, prefiriéndolo a cualquier otra forma de protección, con excepción de un cortavientos temporal. Pero los estragos del invierno pueden exigir su peaje sobre la mayoría de las especies restantes de diversas maneras.

Todas las condiciones que se citan seguidamente pueden dañar a un bonsai grande, pero debe sobrevivir. Un bonsai de tamaño medio —entre 25 y 45 cm de altura— puede quedar seriamente dañado, tal vez fatalmente, mientras que un bonsai pequeño es verdaderamente muy vulnerable.

1 *La buena higiene es esencial. Retire las hojas muertas, que albergan plagas y enfermedades en invierno. Al mismo tiempo, arranque a los insectos que encuentre.*

• Las heladas y los deshielos constantes de la maceta cada día pueden devastar un sistema de raíces, especialmente si ésta no se deshiela nunca enteramente antes de volverse a helar. Las puntas de las raíces absorben humedad, pero ésta no puede avanzar a través de las raíces heladas del centro de la maceta. Al volverse a helar se expansionan y revientan, como una tubería de agua. También pueden resultar aplastadas por la presión causada por la expansión del suelo que se congela rápidamente en un recipiente. Recuerde que un suelo anegado se expansiona más al helarse que uno con humedad normal. Los arces tridentados y los olmos de China tienen raíces gruesas y carnosas que implican un riesgo particular. Incluso los bonsais grandes de estas especies deben situarse en confinamiento invernal.

• Aunque las raíces están inactivas la mayor parte del tiempo durante el invierno, todavía se pierde humedad a través de la corteza. Bajo circunstancias normales el árbol tiene bastantes reservas y las raíces pueden reponer el aprovisionamiento durante el buen tiempo. Las yemas en expansión también exigen un aprovisionamiento de humedad que las raíces heladas no pueden proporcionar. Los días soleados pueden estimular tanto la transpiración como la actividad de las yemas, pero quizá no basten para descongelar las raíces.

• Los vientos fríos y secos pueden desecar las ramitas finas. Las raíces heladas no pueden reponer la humedad, y por tanto las ramitas mueren. Las especies de ramitas finas como el abedul y el arce japonés son particularmente vulnerables, y sufren del mismo problema en la naturaleza

• El viento y el sol pueden hacer que las macetas se sequen incluso en invierno. Aunque quizás esto no afecte directamente al árbol, matará a las raíces más finas, expondrá a todo el sistema al riesgo de podredumbre y lo hará más vulnerable a los daños de las heladas.

• El suelo saturado no sólo incrementa el riesgo de daños por heladas, sino también crea el entorno ideal para la putrefacción de las raíces. No existe tal riesgo si llueve cada día, pero si se deja el suelo anegado, el riesgo se incrementa dramáticamente.

Medidas de protección

Habiéndole desalentado con la mención de todos los peligros a los que sus bonsais tienen que enfrentarse, déjeme asegurarle que adoptando unas cuantas precauciones sencillas puede garantizarles una vida larga y feliz. Aunque las inclemencias atmosféricas más duras se dan después de Navidad en el hemisferio norte, se debe también proporcionar protección completa desde finales de noviembre. Los daños iniciales se agravarán más tarde. Hay cinco sistemas básicos para situar a sus bonsais en invierno, y cada uno de ellos ofrece un grado diferente de protección.

Al aire libre
Se dejan los árboles sobre bancos protegidos de los vientos fuertes por un seto, una valla o una pared.

Protección del viento
Se colocan las macetas sobre ladrillos o cajas entre los bancos. Si éstos están orientados este/oeste, coloque una mampara en el extremo este para prevenir el efecto túnel del viento.

Cobijo
Una zona cubierta, cerrada por tres lados y abierta por el cuarto, preferiblemente el lado occidental. La solución más fácil es colocar los árboles sobre ladrillos debajo de los bancos. Cubra los bancos con

2 *Es una buena idea desprender el musgo de la superficie, que puede albergar plagas de insectos y esporas de hongos. Esto es esencial en los bonsais pequeños que se entierran en turba.*

polietileno transparente y sujételo con peso suficiente por tres lados. En tiempo realmente desapacible se puede cerrar temporalmente el cuarto lado. Deben inspeccionarse regularmente las macetas y comprobar su grado de sequedad. Si este tipo de cobijo está bien construido también puede servir como confinamiento invernal.

Confinamiento invernal

Esto implica proteger a los árboles del viento, el sol, la lluvia y los cambios bruscos de temperatura. No ofrece un entorno totalmente a salvo de heladas, pues ello perturbaría la latencia de los árboles resistentes. Los árboles caducifolios pueden guardarse en un cobertizo o un garaje —no necesitan luz hasta la primavera—. El entorno ideal para todos los árboles es un invernadero de polietileno, en forma de túnel, que pueda abrirse por ambos extremos para permitir la ventilación. Para prevenir los cambios bruscos de temperatura, el sol no debe dar de lleno sobre el túnel de polietileno. Inspeccione regularmente los árboles para estar alerta ante la sequedad y el ataque de insectos.

A salvo de heladas

Si no está seguro acerca de la resistencia de una especie insólita, entonces es mejor mantenerla en un lugar frío o una habitación sin calefacción durante el invierno.

¿Que tipo de protección?

Depende de la especie y del tamaño de la maceta. (Un literati de un metro de alto en una maceta de 25 cm es un bonsai de tamaño medio por lo que concierne al clima.) Como regla general, un árbol cuya maceta sea menor de 20 cm de diámetro y de 5 cm de profundidad, o el volumen equivalente, puede clasificarse como pequeño. Las macetas de hasta 25 cm de diámetro y 8 cm de profundidad pueden considerarse de tamaño medio. Lo que sobrepase a estas medidas entra en la clasificación de grande. La tabla proporciona una guía básica. A principio de primavera puede empezar a reintroducir sus bonsais en sus bancos, resguardando los más pequeños de noche durante tiempo excepcionalmente frío.

3 *Hay que sacar con cuidado a los bonsais pequeños de sus macetas y sumergirlos en una caja con turba. Cubra la masa de raíces con una capa de 2 a 3 cm de turba suelta, que servirá de aislante.*

GUÍA DE PROTECCIÓN INVERNAL

Bonsais grandes
- *Pinos y abetos* - al aire libre.
- *Juníperos* - al aire libre, con protección del viento para las variedades de hoja azul.
- *Especies muy resistentes (Olmo inglés, arce, alerce, abedul, espino blanco, tejo, etc.)* - protección del viento. Cobijo ante lluvia prolongada.
- *Especies resistentes (Arces japoneses, ornamentales)* - cobijo.
- *Plantas sensibles (Arces rojos, variedades de flor primaveral)* - cobijo.
- *Arces tridentados y olmo de China* - confinamiento invernal.

Bonsais de tamaño medio
- *Pinos y abetos* - al aire libre, protección del viento en tiempo muy malo.
- *Juníperos, especies muy resistentes* - protección del viento, cobijo en tiempo duro.
- *Especies resistentes* - cobijo.
- *Plantas sensibles, arces tridentados y olmos de China* - confinamiento invernal.

Bonsais pequeños
- *Pinos y abetos* - protección del viento, los bonsais muy pequeños necesitan cobijo.
- *Juníperos, especies resistentes y muy resistentes* - confinamiento invernal. Saque a los árboles más pequeños de sus macetas y colóquelos en cajas con turba húmeda.
- *Plantas sensibles, arces tridentados y olmos de China* - confinamiento invernal, y árboles pequeños colocados en cajas con turba. Si hace mucho frío sitúe a los árboles en un lugar donde la temperatura esté justo por encima de la congelación. Una habitación sin calefacción aún podría ser demasiado cálida. Una estufa controlada por termostato sería ideal para su cobertizo.

4 *Un cobijo para bonsais ideal e improvisado. Puede colocarse un número considerable de árboles en los espacios debajo de los bancos, cubriéndolo todo con polietileno grueso.*

Durante las temporadas de muy mal tiempo, se desenrolla hacia abajo el polietileno para mayor protección, y el arce tridentado y el olmo de China se trasladan a un lugar frío, pero libre de heladas.

Plagas y enfermedades

Los bonsais están expuestos a las mismas enfermedades y plagas que atacan a los árboles grandes, pero debido a que son pequeños y compactos, un problema localizado no tarda mucho tiempo en propagarse por todo el árbol, con resultados desastrosos. Y debido a que crece lentamente, un bonsai tiene menos capacidad para superar una infección, o una plaga de áfidos, del mismo modo que un árbol grande.

Un tratamiento preventivo dos veces al año con un insecticida y un fungicida sistémico servirá de ayuda, pero no tendrá éxito en el ciento por ciento de casos. (Los productos químicos sistémicos han sido elaborados para que la planta los absorba y combatir el problema desde dentro.) Los árboles caducifolios se beneficiarán con un «lavado invernal» normal de jardín.

Es necesaria una vigilancia constante durante todo el año. Una vez se ha localizado y diagnosticado un problema, debe adoptarse inmediatamente una acción para poner remedio, con un tratamiento comercial apropiado.

• Lea siempre el envase para asegurarse de que el tratamiento es efectivo para su problema particular, y siga las instrucciones del fabricante al pie de la letra.
• Si parece que una marca no funciona, pruebe con otra —algunos insectos parecen capaces de fabricarse una inmunidad si se usa siempre la misma marca.
• Los árboles pueden tardar semanas en recuperarse de las infecciones por hongos, pero no hay que descorazonarse. Si se ha detenido el empeoramiento de los síntomas, es más que probable que el tratamiento haya funcionado.
• No use nunca productos sistémicos con los olmos de China. No matarán al árbol, pero el follaje amarilleará y caerá, y pueden morir las ramitas finas.

1 Áfidos, o pulgones, seguramente los más comunes de todos los parásitos. Aquí se ven en estado adulto y juvenil sobre pino. Hay muchas especies distintas, pero todas sucumben rápidamente con los pesticidas convencionales de jardín.

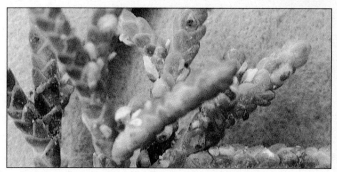

2 Los adélgidos forman residuos cerosos sobre los tallos de los pinos, y pueden matarlos. Detergentes disueltos ayudan a penetrar en la protección cerosa.

3 Hay insectos cocos de muchos tamaños diferentes. Éstos, sobre un enebro de China, son diminutos y difíciles de localizar a simple vista. Unas manchitas blancas son una invitación a inspeccionar más de cerca.

4 Estas cochinillas son más fáciles de localizar en su fase adulta. Las grandes pueden arrancarse, y las más pequeñas se matan con un insecticida sistémico. Un «lavado invernal» eliminará los huevos.

5 Este feo insecto es el azote de todos los entusiastas del bonsai. Es el gorgojo de la vid, o filoxera, que puede devorar un tiesto lleno de raíces en poco tiempo. Trate el suelo con Gamma HCH y controle el suelo al trasplantar.

6 El gorgojo de la vid adulto no es una plaga en sí mismo, pero puede poner huevos en cualquier época del año, de los cuales eclosionan rápidamente las minúsculas y voraces larvas, como la ilustrada arriba. ¡Aplástelas tan pronto como las vea!

7 *Estas rayas translúcidas han sido causadas por el gusano minero de las hojas, que excava su camino por debajo de la superficie de éstas. Es feo pero inofensivo. Extraiga el follaje afectado.*

8 *Los parches parduzcos como éstos han sido causados con toda probabilidad por un insecticida demasiado fuerte, o por la acción del sol a través de las gotitas de agua, que actúan como lupas.*

12 *Las orugas son inofensivas en pequeño número. En plan solitario, como ésta de mariposa, se las puede dejar, pero cuando forman colonias hay que extraerlas manualmente.*

10 *Muchos árboles son atacados por ácaros minúsculos que estimulan la formación de agallas sobre las hojas, como éstas en el olmo. La única cura conocida es extraer todas las hojas infectadas en junio.*

9 *Las arañas rojas son ácaros microscópicos que chupan la savia y que infestan las plantas en vasto número, incluso a mitad del invierno. Las hojas o las agujas se oscurecen, y a veces puede detectarse una minúscula telaraña. La pulverización con agua fría ayuda al control, y son eficaces la mayoría de insecticidas.*

11 *La roya del pino se manifiesta en manchas amarillentas en las agujas, que pronto caen. Esto daña seriamente a los árboles grandes y puede matar a los bonsais, especialmente a los débiles o más jóvenes. Una vez diagnosticada, haga un tratamiento mensual con caldo bordelés o «Zineb» hasta septiembre.*

13 *La escasa circulación de aire es principalmente responsable del mildiu, o moho gris, que puede matar fácilmente a los tallos jóvenes. Se trata con un fungicida apropiado de jardín, pero es mejor la prevención.*

111

CALENDARIO DEL BONSAI

Programa mensual de labores

Primavera

PRINCIPIO DE PRIMAVERA
La emoción aumenta a medida que sus árboles empiezan a despertar. Es el comienzo de la estación más activa del año, cuando puede realizar cierta cantidad de tareas creativas, así como otras más prácticas.

Trasplante
Todos los árboles caducifolios sanos que no hayan podido trasplantarse todavía, deben atenderse en la primera parte de esta época. Si no hay señal de actividad de las raíces o de las yemas, espere un poco más. Siga manteniendo a los árboles recién trasplantados a cubierto de las heladas fuertes y de los vientos secos. Puede dejar a los árboles caducifolios en un lugar oscuro y protegido si fuera necesario en esta época. Sólo necesitan luz a partir del momento en que se abren las yemas. Sin embargo, tan pronto como empiezan a reventar debe situar a los árboles en el exterior. No alambre a los árboles recién trasplantados durante tres o cuatro semanas, evitando así estrés a las nuevas raíces que surgen. Hacia finales de marzo puede empezar a trasplantar juníperos y abetos.

Poda
Los árboles caducifolios pueden podarse una vez que las yemas empiezan a mostrar señales de actividad. Si esto es así puede asegurar que todas las ramas restantes están vivas. Selle todas las heridas. Es una buena época para podar las ramitas finas de los árboles caducifolios para que el crecimiento de la próxima estación no sobrepase el diseño. Recuerde podar de modo que quede una yema o surja un tallo lateral que apunte en la dirección que desea.

Alambrado
Empiece alambrando a los árboles caducifolios —ramitas finas así como ramas gruesas— si es posible *antes* de que las yemas se abran. Si las yemas ya han empezado a mostrarse activas, hay que tener sumo cuidado, pues en esta fase crucial de su desarrollo se sueltan fácilmente. Los árboles con ramitas finas alambradas deben mantenerse apartados de las heladas y del viento hasta que las yemas empiecen a abrirse. Deje un intervalo de tres semanas entre el alambrado y el trasplante.

Riego
Mantenga la humedad justa del suelo. Tenga especial cuidado y no deje que los árboles recién trasplantados lleguen a anegarse. Sitúelos bajo

Debido a que este libro se leerá tanto en el hemisferio norte como en el sur, nos referimos a los meses en esta sección como partes de una estación, más que por su propio nombre. La tabla siguiente indica el mes equivalente en ambos hemisferios.

Hemisferio Norte	Mes	Hemisferio Sur
Principio de primavera	Marzo	Principio de otoño
Mitad de primavera	Abril	Mitad de otoño
Final de primavera	Mayo	Final de otoño
Principio de verano	Junio	Principio de invierno
Mitad de verano	Julio	Mitad de invierno
Final de verano	Agosto	Final de invierno
Principio de otoño	Septiembre	Principio de primavera
Mitad de otoño	Octubre	Mitad de primavera
Final de otoño	Noviembre	Final de primavera
Principio de invierno	Diciembre	Principio de verano
Mitad de invierno	Enero	Mitad de verano
Final de invierno	Febrero	Final de verano

cobijo en caso de lluvias intensas, si fuera necesario.

Abono
No abone a los árboles recién trasplantados hasta que se abran las yemas. Los árboles que no han sido trasplantados pueden beneficiarse con un poco del fertilizante conocido como harina de huesos.

Tareas generales
Inspeccione la superficie del suelo de los árboles que no se hayan trasplantado este año. Extraiga el musgo muerto o desfigurado y el suelo «costroso». Sustitúyalo por suelo fresco. Controle los abetos y los juníperos por si tuvieran arañas rojas y pulgones, y trátelos si fuera necesario. Ambas plagas pueden mostrarse ahora muy activas, especialmente sobre árboles que hayan pasado el invierno bajo protección. Siembre ahora las semillas de vaina blanda.

MITAD DE PRIMAVERA
Ahora las cosas se animan realmente. Las yemas revientan y las raíces crecen rápidamente. Hay mucho que hacer y la naturaleza no espera.

Trasplante
Si no ha acabado el trasplante de los árboles caducifolios es mejor dejarlos para el año próximo, a menos que las raíces estén realmente en el límite. Siga trasplantando juníperos y abetos, y empiece con los pinos a final de mes. Los cuidados posteriores son los mismos que a principio de primavera.

Poda
Ahora puede podar con un poco más de confianza, puesto que las yemas se estarán abriendo y puede localizar cualquier rama o ramita muerta. Selle todas las heridas. No pode ahora los abetos ni los pinos, pues exudarían resina, que desfiguraría la corteza.

Alambrado
Alambre los abetos, los juníperos o enebros y los pinos, pero no los árboles caducifolios. No apriete demasiado al alambrar, ya que las ramas aumentan rápidamente de grosor entre este mes y el siguiente. Controle las ramas pequeñas alambradas el mes anterior —¡quizá ya estén en posición!

Riego
Ahora puede empezar a poner en marcha su rutina de riego. Durante los períodos lluviosos, cobije los árboles recién trasplantados, pero en tiempo seco puede ser necesario regar diariamente.

Abono
No fertilice los árboles recién trasplantados. Los trasplantados el mes anterior pueden recibir su primer abono primaveral si ha empezado el

crecimiento. Es muy recomendable un fertilizante alto en fósforo. Para los árboles que no han sido trasplantados, use un fertilizante alto en nitrógeno.

Tareas generales
Siga controlando el ataque de insectos. Los pulgones son un fastidio particular, ya que mimetizan el color de la planta, por lo cual es difícil localizarlos. Limpie de algas los troncos y las ramas. Los árboles que aún no muestren señales de crecimiento deben situarse bajo una cubierta de polietileno a la sombra. Mantenga la humedad justa del suelo y aplique un fertilizante con base floja de fósforo. Espere hasta mitad de verano antes de perder la esperanza. De noche proteja de heladas intensas a las hojas jóvenes.

A medida que llega el tiempo cálido, brotan las diminutas hojas de color rojo brillante de este Acer palmatum *«deshojo».*

FINAL DE PRIMAVERA
Ahora empiezan a alargarse las yemas de los pinos para formar «velas», las yemas de los abetos y los alerces se abren en pequeños penachos de brillante color verde, y todos los árboles caducifolios están repletos de hojas. La primavera ha sucedido.

Trasplante
Todos los trasplantes deben haber finalizado durante la primera semana. La única excepción son las variedades de enebro de China, que pueden trasplantarse a principio de verano. Trasplante solamente otras especies en caso de emergencia, como en una putrefacción de raíces recién detectada.

Poda
Ahora pueden podarse los árboles en tratamiento, pero ya debe haber acabado todos sus árboles caducifolios de exposición. Aún es demasiado pronto para podar pinos y abetos. Sin embargo, deben extraerse sin demora las ramas muertas o moribundas para evitar que cualquier infección se propague al resto del árbol.

Alambrado
Ahora pueden alambrarse las coníferas, pero se ha de tener cuidado en no dañar a los nuevos brotes. En los árboles caducifolios también pueden orientarse los tallos nuevos en la posición deseada por medio de un alambrado delicadamente realizado. Si no alambró las ramas más grandes en una época anterior del año, puede hacerlo ahora con seguridad, pero las hojas nuevas dificultarán el acceso.

Pinzado
Pince las expansivas velas de los pinos a medida que crezcan. Empiece por las pequeñas y acabe por las grandes aproximadamente una semana más tarde. Los abetos y los juníperos también pueden estar listos para su primer turno de pinzado. Los brotes nuevos en los árboles caducifolios tempranos deberán desmocharse dejando dos o tres yemas. Elimine también las yemas adventicias no deseadas, para no desperdiciar energía.

Riego
Ahora que los árboles están con pleno brío deberán regarse al menos una vez cada día, pero no con sol intenso si puede evitarlo. Rocíe también el follaje.

Abono
A los últimos árboles en desarrollarse se les puede dar un poco de nitrógeno extra, y los otros deben recibir ahora una dieta equilibrada sobre una base regular. No fertilice a los árboles que todavía no tengan hojas, pero rocíelos diariamente.

Tareas generales
Todas las plagas de insectos son ahora muy activas. Así pues, inspeccione diariamente sus árboles y trátelos a la primera señal de ataque. No use insecticidas ni fungicidas sistémicos en los olmos chinos. Sitúe a los árboles sensibles al sol, tales como arces japoneses, azaleas y ojaranzos, en sombra clara. Todavía existe el riesgo de una helada repentina hasta final de mes —¡vigile!— Si procede a desherbar ahora las macetas ahorrará tiempo posteriormente durante el año. Sea especialmente meticuloso con la hierba hepática, ya que sus largas raíces pueden obstruir rápidamente los orificios de drenaje de las macetas. Plante esquejes de madera blanda.

Verano

PRINCIPIO DE VERANO
Se ha robustecido el follaje nuevo y se ha terminado la floración. Usted y sus árboles inician una rutina que durará los tres meses próximos.

Trasplante
Ahora sólo pueden trasplantarse con confianza los enebros de China, siempre que hayan estado a cobijo de los vientos secos y del pleno sol durante un tiempo. Los árboles demasiado grandes para sus actuales recipientes ahora que han crecido un poco, pueden plantarse en macetas más grandes siempre que no estén dañadas las raíces.

Poda
Ahora empiece a podar los pinos y los abetos. Comience por las ramas menores y pode las mayores más avanzado el mes. También pueden podarse ahora los árboles caducifolios, pero es probable que broten tallos vigorosos alrededor de la herida.

Pinzado
Persista en esta labor. Algunos árboles tendrán una pausa en su crecimiento hacia el final del mes y una segunda brotadura posteriormente. Esta última aparecerá en las puntas de los primeros tallos a menos que se desmochen. Siga pinzando las coníferas a medida que crezcan. Pode las hojas de los árboles fuertes siempre que se hayan fortalecido.

Alambrado
Alambre continuamente según su preferencia. Compruebe las ligaduras efectuadas con alambre en meses anteriores y vuelva a realizarlas si están demasiado apretadas. Muchas ramas caducifolias ya se habrán establecido.

Riego
Al menos una vez al día. Rocie el follaje cuando riegue, pero no a pleno sol, pues eso abrasaría las hojas.

Abono
Continúe con una fertilización periódica equilibrada.

Este pequeño espino blanco en dramático estilo literati ha sido creado casi enteramente por medio de poda, de un arbusto mucho más grande que rescaté de un seto condenado a desaparecer.

Tareas generales
Siga inspeccionando por si hay plagas o enfermedades, y mantenga las macetas sin malas hierbas. Todo árbol que no muestre señales de crecimiento a final del mes, puede darse ahora por perdido. Examínelo detalladamente por encima y por debajo del suelo, para intentar diagnosticar la causa de la muerte, y aprender consiguientemente una lección. Es una buena época para acodos aéreos, plantar nuevas plántulas y empezar a plantar esquejes de madera semidura.

MITAD DE VERANO
Sus árboles habrán ralentizado ahora su actividad, descansando antes de sus segundos brotes más tarde en este mes. Las macetas se calientan y secan rápidamente. El riego puede convertirse en su actividad más constante.

CUIDADOS EN VACACIONES

Hay numerosos sistemas destinados a regar sus árboles en las ausencias de hasta dos semanas. Entre ellos se incluyen mechas de fieltro que van desde la maceta hasta un cubo, bolsas de polietileno que cubren la maceta y el árbol, y aparatos más sofisticados como rociadores periódicos automáticos. Ninguno de éstos es totalmente seguro y casi siempre ocurre alguna desgracia. Si prueba alguno de ellos, las preocupaciones fastidiarán sus vacaciones.

Lo mejor es traspasar a un vecino amigo (o, mejor todavía, a un colega en el arte del bonsai) el indudable privilegio de cuidar de sus árboles en su ausencia. Pídale que le visite un par de veces antes de su partida, para practicar en común. Algunas jardinerías ofrecen un servicio de cuidados en vacaciones, que generalmente es bastante barato y a veces gratis.

Si ninguna de estas opciones fuera posible, saque los árboles de sus macetas y plántelos en un rincón sombreado, enterrando unos cuantos centímetros la masa de raíces, procurando no dañarlas. Riegue bien la zona antes y después de la plantación. La única alternativa restante es hacer lo que yo hago: quedarse en casa y coger las vacaciones en invierno, al igual que sus árboles.

Poda
Las heridas se curan pronto en esta época del año. Es un buen momento para podar pinos, pero tenga cuidado y no pode en exceso los árboles caducifolios, ya que es difícil ver la estructura a través de las hojas y podría cometer un error. Es una buena época para crear sharis.

Pinzado
Prosiga como el último mes cuando sea necesario. Los enebros estarán ahora en pleno desarrollo y necesitarán mucha atención. Pode las hojas a mediados de mes.

Alambrado
Alambre continuamente, especialmente las coníferas.

Riego
Siga como el último mes, o todavía más. Ahora es

especialmente importante regar al comienzo de la noche, si es posible. Si se dejan grandes recipientes de agua entre los árboles se puede aumentar la humedad local, reduciendo en consecuencia la transpiración de agua a través de las hojas.

Abono
Como el último mes. Dé fertilizantes altos en potasio a los bonsais en flor.

Tareas generales
Continúe los controles sanitarios cotidianos e inspeccione el alambre al mismo tiempo. Siga con el acodo aéreo y la plantación de plántulas.

FINAL DE VERANO
El follaje más viejo puede empezar a parecer algo cansado este mes, aunque muchos árboles todavía siguen creciendo rápidamente. La hoja y la flor del próximo año ya se están estableciendo —la naturaleza piensa por adelantado.

Poda
Las heridas curan rápidamente si la poda se realiza a mediados de mes. La poda drástica puede producir nuevos brotes que no se consolidarán antes del invierno. Siga creando jins y sharis.

Pinzado
Ahora es cada vez menos necesario, con la excepción de los enebros, que estarán todavía en desarrollo durante cierto tiempo. No pode hojas este mes.

Alambrado
Los alambres aplicados ahora a las especies caducifolias es poco probable que produzcan mucho efecto hasta el comienzo de los brotes el año próximo. Todavía es una buena época para alambrar coníferas, especialmente enebros.

Riego
Es tan intensivo como el último mes. Asegúrese de empapar a fondo las macetas que se secan mucho. Cuando el suelo se vuelve bastante compacto a menudo el agua humedece la superficie y corre de una parte a otra del interior de la maceta sin pasar a su través. Si sospecha que esto sucede, sumerja la maceta en el baño durante media hora.

Abono
Este mes reduzca el nitrógeno, eliminándolo completamente durante la última semana.

Tareas generales
Extraiga las malas hierbas, las hojas muertas y los tallos adventicios, y mantenga el control sobre plagas. Elimine las agujas del ultimo año de los tallos de pinos listos para alambrado. Plante esquejes de madera semidura e interrumpa los acodos aéreos al final de la primera semana. Es demasiado tarde para defoliar o llevar a cabo cualquier poda drástica, pues los nuevos brotes resultantes no se consolidarían antes del invierno.

En pleno auge del verano, este arce japonés en estilo de tronco múltiple («kabudachi») necesita atención constante. Para mantenerlo bien deben desmocharse los tallos casi a diario.

Este ojaranzo japonés, al igual que su primo europeo y que la mayoría de hayas, conserva naturalmente sus hojas muertas todo el invierno para proteger las yemas de las heladas.

Otoño

PRINCIPIOS DE OTOÑO

Este mes el crecimiento se ralentiza hasta llegar a cesar. Se endurecen las raíces y las yemas, se dispersan las semillas, y empiezan a caer las hojas interiores. Los días soleados y las noches más frías marcan los primeros indicios del color otoñal. Puede empezar a relajarse un poco.

Poda

Sólo los pinos, si es que debe hacerlo. Aún se podría estimular a los árboles caducifolios a que echaran brotes, pero eso implicaría que no se consolidarían a tiempo para el invierno y se quemarían a la primera helada.

Pinzado

Ahora no es necesario, excepto en los persistentes enebros, que seguirán creciendo durante otro mes más. Las heladas harán que se vuelvan marrones los tallos recién desmochados, por lo cual hay que tener cuidado.

Alambrado

No es aconsejable. Al no crecer es improbable que las ramas se fijen y cualquier grieta en la corteza facilitaría la penetración del frío en invierno, con el consiguiente riesgo de daños.

Riego

A medida que los árboles disminuyen su actividad, usted puede hacer lo mismo. No obstante, esté alerta, pues los cambios de tiempo pueden engañarle, y las macetas aún pueden secarse con sorprendente rapidez.

Abono

Fertilizante sin nitrógeno todo el mes. Se puede aplicar adicionalmente harina de huesos a los pinos, cuyas raíces permanecen ligeramente activas todo el invierno, y lo agradecerán al principio del próximo año.

Tareas generales

Última oportunidad para hacer jins o sharis mientras la savia esta todavía activa. El mes siguiente costará más sacar la corteza, y las heridas no empezarían a curar hasta la primavera. Las plagas presentan menos problemas, pero algunas aún se muestran activas sobre las coníferas. Siembre las semillas recogidas en bandejas en el exterior. Elimine los restos del árbol y de la superficie del suelo para evitar enfermedades. Es una buena época para plantar musgo nuevo. Seguirá creciendo durante los intervalos de tiempo suave durante todo el invierno y agarrará la próxima primavera. Limite el musgo al área alrededor de las raíces. Una cobertura total albergaría plagas e impediría la inspección del suelo.

MITAD DE OTOÑO

«Estación de lluvias y frutos maduros». Hojas ocres y doradas salpicadas de rocío. Vale la pena disfrutar de las bellezas de esta estación.

Alambrado

Extraiga los alambres apretados cortándolos cuidadosamente de las ramas. No vuelva a alambrar, si ello implica curvatura adicional de las ramas, hasta la próxima primavera.

Riego
Sólo cuando sea necesario. Durante los dos meses siguientes todavía pueden secarse las macetas, pero la niebla y el rocío pueden hacer que la superficie aparezca húmeda, aunque el suelo de debajo quizás esté muy seco. Ahora debería poder juzgar el grado de sequedad de la maceta por el peso.

Tareas generales
Es esencial una buena higiene: limpie los desechos de árboles y tiestos. Observe las plantas para excavar para futuro tratamiento. Practique esquejes con madera dura y siembre semillas recogidas de vaina dura en el exterior. Empiece a planificar su protección invernal.

FINAL DE OTOÑO
Caen las últimas hojas de otoño, lo cual pone de manifiesto el diseño de ramitas finas que su larga poda de verano ha producido. Las verdes coníferas centellean con la escarcha. Es época para contemplar con satisfacción sus bonsais, y apreciar los frutos de su labor.

Trasplante
La materia prima puede excavarse y plantarse en recipientes grandes o bandejas de cultivo, si la especie es totalmente resistente. Los bonsais caducifolios grandes y totalmente resistentes pueden trasplantarse ahora, pero sólo si es posible proteger a las raíces de las duras heladas invernales.

Poda
Sólo es necesaria la poda preliminar de la materia prima. Incluso las heridas bien selladas pueden dañarse alrededor de los bordes durante el invierno si el tiempo es bastante duro. Es aconsejable dejar tocones cortos como medida de precaución. Pueden podarse en la primavera siguiente.

Alambrado
Es tentador trabajar en sus árboles cuando las ramas están desnudas y puede verse la estructura. Pero el alambrado ahora estimularía la extinción, y provocaría decepciones.

Riego
Sólo cuando sea necesario, pero controle cada dos días. El viento puede resecar las macetas casi tan rápidamente como el sol. Sin embargo, el mayor peligro es el exceso de riego, especialmente en períodos de tiempo lluvioso.

Tareas generales
Siga limpiando los desechos, especialmente los musgos anuales muertos, y todas las hojas atrapadas en las ramitas (deje las hojas muertas en las hayas y los ojaranzos). Pueden albergar plagas y esporas de hongos. Prepare los cuarteles de invierno de sus árboles, limpiándolos a fondo y pulverizando con insecticida y fungicida. Controle cada árbol en busca de plagas persistentes, como cochinilla, pulgones, etc., e inspeccione las coníferas por si hubiera señales de arañas rojas. Trate los árboles con un fungicida no sistémico como precaución. Plante esquejes de madera dura, y siembre semillas de vaina dura.

Una vez que este olmo inglés, de 25 cm de alto, en estilo vertical formal, ha dejado caer sus hojas, puede apreciarse enteramente la belleza de sus ramitas finas.

Invierno

PRINCIPIOS DE INVIERNO
La naturaleza cierra la tienda y se toma un bien ganado descanso —pero aún nos queda trabajo por hacer.

Trasplante
Acabe de plantar las materias primas recién recogidas a mediados de mes, y proteja las raíces de las peores inclemencias del tiempo atmosférico.

Poda
Ahora sólo es segura una poda preliminar de materia prima. Deje tocones cortos que puedan podarse en primavera.

Alambrado
Es una tentación, pero debe resistirse a ella.

Riego
Mantenga húmedo el suelo si las circunstancias atmosféricas no lo hacen por usted. La saturación de agua puede ser un problema en los árboles al aire libre durante todo el invierno. Utilice su buen criterio, y si es necesario cobije los árboles durante los períodos prolongados de lluvia intensa.

Tareas generales
Todos los árboles que requieren protección invernal deben empezar a recibirla a mediados de mes. En primer lugar límpielos a fondo y pulverícelos con un insecticida no sistémico, si olvidó hacerlo el último mes. Fotografíe sus árboles al resguardarlos, como rutina. Si se plantan este mes esquejes de madera dura aún pueden tener éxito.

Limpie alrededor de sus áreas de crecimiento y exposición, y trate la madera con un conservante hortícola específico. Pulverice el área circundante con insecticida y fungicida para matar a los parásitos ocultos que pudieran pulular por allí.

Prepare su lista de regalos de Navidad de herramientas, macetas, libros y otros accesorios, ¡y distribúyala ampliamente!

MITAD DE INVIERNO
Los árboles permanecen en reposo, tensos contra el frío. Cuanto más tiempo pase ahora con ellos, más respetará su resistencia. Hay poco trabajo por hacer.

Riego
Los árboles situados al aire libre no necesitarán riego, al contrario incluso puede ser preciso protegerles de lluvias excesivas. Una capa gruesa de nieve no perjudica a los árboles grandes y resistentes en el exterior.

Pero si el deshielo es rápido, los árboles recibirán probablemente el equivalente a la lluvia de una semana en sólo un día, por lo cual es prudente apartar la nieve antes de que esto suceda. Hay que inspeccionar cada semana los árboles bajo cobijo y mantenerlos húmedos.

Tareas generales
Inspeccione los árboles en busca de parásitos durante su control semanal de riego. Las coníferas bajo cobijo pueden ser devastadas por pulgones o arañas rojas en cualquier momento durante el invierno, en cuestión de un par de semanas. Revise también las cajas de turba en donde colocó sus árboles más pequeños y limpie el musgo que pudiera haber.

Ventile de vez en cuando los troncos más bajos, durante los intervalos suaves. Aproveche la oportunidad para clasificar las fotografías de sus árboles, haga un catálogo de su colección y decida qué ejemplares van a pasar a nuevos propietarios.

Lea libros y controle las provisiones de fertilizantes y productos químicos. Limpie las macetas y el equipo y afile todas sus herramientas.

Cuando finalmente llega la época de trasplantar, parece que nunca hay bastante mezcla de suelo a punto. Por tanto, ahora puede prepararlo anticipadamente. La criba de los ingredientes le mantendrá activo.

Los bonsais resistentes, al igual que los árboles resistentes en la naturaleza, pueden pasar semanas bajo un manto de nieve, sin sufrir daños. La nieve mantiene una temperatura uniforme en la maceta y evita la transpiración.

Las coníferas grandes y resistentes, como este grupo de abetos Edo, prefieren la exposición a los rigores del invierno. Sus agujas verdes, centelleantes con la escarcha, constituyen un espectáculo maravilloso.

FINAL DE INVIERNO

En las profundidades del suelo algo empieza a agitarse. Comienzan a hincharse las yemas de flores de los membrillos y los cerezos. ¿Llegará este año pronto la primavera o será una falsa alarma seguida de heladas? Es época de preocupaciones.

Trasplante

Los árboles caducifolios realmente resistentes pueden ser trasplantados hacia finales de mes si las raíces están blancas por las puntas. Protéjalos de heladas fuertes y de lluvias intensas hasta que empiecen a abrirse las yemas. No abone hasta primavera. Las materias primas pueden excavarse del suelo y plantarse en recipientes provisionales de crecimiento.

Poda

Puede empezar a podar los árboles caducifolios resistentes si está seguro de que los tallos y las ramas restantes están en buena salud. Selle las heridas y protéjalas de las heladas hasta que haya empezado el crecimiento. Hacia final de mes, los ramales viejos y los tallos del último año pueden podarse dejando yemas vivas (*ver pagina 56*).

Alambrado

Alambre los árboles caducifolios mientras las yemas todavía estén apretadas contra los tallos. A medida que las yemas se hinchan, se vuelven más frágiles, se dañan con facilidad y se desprenden aún más fácilmente. No espere demasiado tiempo o «le cogerá el toro». No hay nada más desalentador que pasar horas alambrando un bonsai de concurso, y descubrir luego que todos los brotes potenciales de la próxima estación se han desprendido y yacen sobre el banco de trabajo. Proteja de las heladas a los árboles recién alambrados hasta que empiecen a crecer las yemas.

Riego

Mantenga húmedos a los árboles trasplantados, pero no empapados. Póngalos a cobijo de la lluvia constante. Otros árboles empezarán a pedir agua a medida que salgan del período latente. Todavía hace mucho frío y unas heladas fuertes matarían las raíces en un suelo anegado; así pues, ¡tenga cuidado!

Abono

Abonar ahora podría dañar las delicadas raíces jóvenes. Se puede ayudar a los árboles que ya han iniciado su actividad, y a las coníferas que no recibieron su harina de huesos el último otoño, con una dosis de emulsión de pescado, cuya acción sobre las raíces es muy suave.

Tareas generales

Los ataques súbitos de pulgones o de arañas rojas pueden defoliar a las coníferas en una o dos semanas, por lo que hay que vigilar. Elimine las algas de los troncos, así como todos los insectos y cochinillas que encuentre. Saque a los árboles de sus cajas de turba y vuelva a colocarlos en sus macetas. No pode todavía sus raíces. Conserve limpios los bancos de madera si aún no lo ha hecho. Planifique sus tareas para los dos meses siguientes: será su período más ocupado. Nunca hay bastante tiempo para hacerlo todo. Así pues, concéntrese en lo necesario en primer lugar, y deje para más tarde lo meramente conveniente. Si no hace las cosas a su debido tiempo, estas tareas podrían verse

Clubs

A medida que se vaya enfrascando en el arte y la técnica del bonsai habrá ocasiones en que necesitará consejos de primera mano. Su garden center local puede ayudarle a diagnosticar problemas de salud e incluso puede ofrecerle un servicio de «hospital». Pero cuando se trata de resolver problemas difíciles de diseño o de dominar técnicas complicadas lo mejor es hacerse socio de un club de bonsai. Cualquier establecimiento especialista en bonsai le pondrá en contacto con el club más próximo. Si no hay ningún club cerca podría empezar a pensar en fundar uno. De nuevo, pregunte en su establecimiento habitual la dirección de una organización nacional de bonsai, que tendrá mucho gusto en proporcionar ayuda y orientación.

En cada reunión mensual hay una exposición de árboles de los socios, una sesión para resolver problemas y un tema de debate. Éste puede consistir en una charla sobre la selección de la maceta correcta, o un pase de diapositivas de una colección famosa, o una demostración a cargo de un invitado experto sobre una nueva técnica avanzada. Sea cual fuere su experiencia siempre saldrá de una reunión sabiendo algo más.

Talleres de trabajo

Muchos clubs y viveros organizan talleres de trabajo para un número reducido de personas, donde los estudiantes trabajan sobre su propio material bajo la guía de un profesor. Suelen durar todo el día y son, con mucho, la mejor manera de aprender. En muchos casos es posible asistir sólo para mirar, pero no se beneficiará tanto como si hiciera la tarea por sí mismo.

Exposiciones

Cada año hay varias exposiciones de bonsai en la mayoría de países. Estudiar bonsai de alto nivel en sus horas libres puede ser extremadamente gratificante. Se puede aprender mucho informándose sobre cómo otras personas han dado forma a sus árboles, y viendo los resultados de técnicas que uno todavía no ha probado. Anímese sabiendo que muchos de estos ejemplares de bonsai han sido creados con material nativo por personas que no hace mucho tiempo eran principiantes.

Arriba: Este grupo de olmos ingleses se inspiró en las cimas de las colinas de Berkshire Downs, antes de ser devastados por la enfermedad del olmo holandés a finales de los años setenta.

Convenciones

Muchos países celebran convenciones anuales o bianuales, que tienen lugar durante un fin de semana de tres días. Incluyen exposiciones, demostraciones de maestros internacionales, talleres de trabajo y visitas a colecciones famosas. Hay zonas de venta que ofrecen de todo, desde semillas hasta ejemplares de bonsai, así como cualquier accesorio imaginable. Atraen a un gran número de entusiastas de todo el mundo, y han sido el origen de muchas buenas amistades.

Cada cuatro años un país diferente es el anfitrión de la Convención Mundial patrocinada por la «World Bonsai Friendship Federation», y este acontecimiento se celebró por primera vez en Omiya, Japón, en 1989. Es el paraíso del bonsai, donde es posible encontrar a los máximos artistas de todo el mundo, siempre felices de pasar el beneficio de su experiencia a todo aquel que se interese lo suficiente para preguntar.

No es necesario ser un experto para asistir a una convención internacional. La única calificación necesaria es entusiasmo. Y cuando la convención se acabe, y regrese a casa, recordará cuándo plantó su primera plántula en una maceta plana. Se maravillará de que ni siquiera podría haber imaginado que un acto tan sencillo pudiera conducir a un mundo enteramente nuevo de emoción y desafío, amistad y satisfacción artística.

Arriba: Esta magnífica exposición, modelada sobre un auténtico jardín japonés de bonsai, se montó en el «Chelsea Flower Show» por socios de la «British Bonsai Association».

Abajo: Áreas de exposición y ventas de la Convención Internacional celebrada en Birmingham, Inglaterra, en 1991. Tres días no fue bastante tiempo para verlo y hacerlo todo.

Arriba: Un colega de Masahiko Kimura, pionero de la «nueva ola» de artistas de bonsai, instruye a un atento estudiante inglés en la Convención Europea celebrada en Turín, Italia, en 1990.

Abajo: Entusiastas de veintisiete países se reunieron para observar a los mayores maestros del mundo trabajando en la Convención Mundial de Bonsai, celebrada en Omiya, Japón, en 1989.

Unos espectadores silenciosos observan respetuosamente la labor de unos estudiantes sobre bonsais estilo literati, bajo la guía del maestro japonés Tom Yamamoto.

Glosario

Esta lista contiene términos botánicos y hortícolas aplicables al bonsai así como otros propios y exclusivos.

ABONO: Sustancia que proporciona uno o más nutrientes esenciales de las plantas.

ÁCIDO: Describe al suelo con un pH menor del 7,0. Aunque la mayoría de árboles crecen bien en suelos ácidos, algunos, entre ellos los arces y las hayas, lo hacen mejor en condiciones alcalinas.

ACODO: Medio de multiplicación a partir de una planta madura extrayendo la corteza para estimular el crecimiento de raíces adventicias que surgirán de encima de la herida.

ADVENTICIO: Se dice del tallo que brota de partes de la planta distintas de los puntos de crecimiento, generalmente de madera más vieja, como el tronco, o de cicatrices de heridas.

AGALLA: Excrecencia anormal en una raíz, un tallo o una hoja, causada por un insecto microscópico.

ALBURA: Tejidos vivos que forman las capas de madera inmediatamente debajo de la corteza.

ALCALINO: Describe el suelo con un pH mayor del 7,0, o rico en cal. La mayoría de los árboles pueden crecer en suelo alcalino, pero otros, como las azaleas, requieren condiciones ácidas para sobrevivir. La alcalinidad puede corregirse con un acidificante comercial del suelo.

ALTERNADAS: Se refiere a las hojas que aparecen individualmente, primero en un lado del tallo, y luego en el otro.

APICAL: Describe un tallo en la punta de una rama o una yema en la punta de un tallo.

ÁPICE: Punta de un tallo, o de un árbol, desde la cual tiene lugar el crecimiento en extensión. En bonsai este punto está dictado por consideraciones estéticas y no es necesariamente el foco de la energía del árbol.

AXILA, AXILAR: Ángulo entre una hoja y su tallo, que siempre contiene una yema al menos. También el ángulo entre un nervio y la nervadura central de una hoja.

BANKAN: Estilo de bonsai. Un árbol con el tronco retorcido.

BASAL: Aplícase al brote fresco que surge de la base de una planta.

BÓVEDA: Parte superior y externa del follaje de un árbol.

BROTE: Aparición de un nuevo crecimiento. La mayoría de árboles producen un brote o floración en primavera y otro a mitad de verano.

BUNJINGI: Estilo de bonsai (*Literati*). Es originario de China durante la dinastía Tang, y refleja las pinceladas caligráficas.

CADUCIFOLIO: Árbol o arbusto cuyas hojas caen cada otoño.

CAL: Calcio como componente del suelo.

CALCÍFUGA: Planta que no puede tolerar el suelo alcalino.

CALLO: Tejido de «cicatriz», generado por el cámbium, que se forma sobre una herida o en la base de un esqueje antes de la iniciación de la raíz.

CÁMBIUM: Fina capa de crecimiento entre la corteza y la madera, responsable de aportar nueva corteza al exterior y nueva madera al interior cada estación de crecimiento, aumentando la circunferencia del tronco. La capa de cámbium también forma nuevas raíces en esquejes, nuevas yemas, y uniones de injertos.

CAPA DE ABSCISIÓN: Capa de corcho que se forma en la base del peciolo en los árboles caducifolios en otoño. Esta capa crea una barrera que impide el flujo de nutrientes, causando la caída de la hoja.

CIEGO: Describe al tallo que no ha conseguido desarrollar una yema apical.

CLOROFILA: Sustancia verde de las plantas, cuya función es transformar el dióxido de carbono del aire, y el agua del suelo, en carbohidratos, usando la luz solar como catalizador (fotosíntesis).

COLLAR: Hinchazón en el punto de unión entre una rama y el tronco.

COMPOST: l: Materia vegetal parcialmente podrida. 2: Mezcla de arena, humus y otros ingredientes utilizados como medio de crecimiento.

COMPUESTA: Dícese de una hoja que está formada por cierto número de hojitas, unidas a una nervadura central.

CONÍFERA: Árbol que lleva piñas, y generalmente con hojas en forma de aguja.

COPA: Parte superior de un árbol formada por las ramas y la sección alta del tronco.

CORTEZA: Capa protectora que cubre el tronco y las ramas, compuesta por células vivas suberosas en el interior, generadas anualmente por el cámbium, y células muertas en el exterior.

COTILE-DÓNEAS: Primeras hojas que brotan de una semilla, habitualmente gruesas y carnosas, distintas de las hojas verdaderas.

CUTÍCULA: Recubrimiento ceroso de una hoja que reduce la pérdida de humedad y ayuda a evitar daños causados por factores externos, tales como las heladas.

CHOKKAN: Estilo de bonsai (Vertical formal). Un tronco recto y erguido hasta el ápice del árbol, con ramas dispuestas simétricamente.

CHUPÓN: Nuevo tallo que surge de las raíces de un árbol establecido.

DEFOLIACIÓN: Caída natural o extracción artificial de las hojas.

DENDROLOGÍA: Estudio de los árboles.

DIRECTRIZ: Rama dominante.

ENANA: Mutación genética de una especie que produce un hábito de crecimiento pequeño y compacto.

ENDURECIMIENTO: Proceso de introducir gradualmente en las condiciones del exterior a una planta que ha crecido bajo protección.

EPICÓRMICO: Se refiere al brote que surge de yemas latentes.

ESQUEJE: Sección de un tallo, una raíz o una hoja que se planta para multiplicación.

ESTOMAS: Poros de respiración en las hojas.

EXÓTICA: Planta originaria de otro país, independientemente del clima o la ubicación.

EXTINCIÓN: Marchitez y muerte de tallos o ramas a causa de la enfermedad, la sequía o alguna otra circunstancia adversa.

FORZAMIENTO: Aceleración del crecimiento o desarrollo de una planta cambiando artificialmente las condiciones del mismo.

FOTOSÍNTESIS: Proceso por el cual una planta fabrica glúcidos utilizando la luz y la clorofila para combinar el dióxido de carbono y el agua.

FUKINAGASHI: Estilo de bonsai (Azotado por el viento). Describe a un árbol expuesto a vientos fuertes predominantes.

FUSTE: Parte despejada del tronco de un árbol, desde el nivel del suelo hasta la rama más baja.

GÉNERO: Grupo de especies relacionadas.

GO-KAN: Estilo de bonsai —cinco troncos.

HÁBITAT: Las condiciones y la ubicación en que normalmente se encuentra una planta en la naturaleza.

HÁBITO: Forma natural de crecer de una planta.

HAN-KENGAI: Estilo de bonsai (Semicascada). El ápice debe caer debajo del borde de la maceta, pero no debajo de su base.

HOJA ANCHA: Designa a cualquier árbol que no sea una conífera.

HOKIDACHI: Estilo de bonsai (Escoba). Todas las ramas surgen del mismo punto en la cima de un tronco corto y recto.

HUMUS: Materia orgánica parcialmente descompuesta presente en el suelo.

IKADABUKI: Estilo de bonsai (Reptante). La planta está tumbada de lado y las ramas crecen verticalmente para formar muchos troncos.

INJERTO: Enlace vegetativo de una parte de una planta con otra.

INORGÁNICO: Aplícase a cualquier compuesto químico que no contenga carbono. En horticultura el termino describe a los abonos manufacturados y los medios y tratamientos de crecimiento.

INTERNODAL: Distancia entre los nudos de las hojas en un tallo.

ISHITSUKI: Estilo de bonsai (Raíces dentro de la roca). Una roca reemplaza a la maceta.

JIN: Ápice de rama o de tronco al que se le ha extraído su corteza y luego se le da forma, se blanquea y conserva.

JOHN INNES: Una serie de recetas básicas de compost que contienen arena, humus, loam y fertilizante.

JOVEN: Se refiere al follaje producido durante fases de crecimiento rápido, que es distinto del follaje adulto.

KABUDACHI: Estilo de bonsai (Tronco múltiple). Varios troncos surgen del mismo punto sobre una raíz.

KENGAI: Estilo de bonsai (Cascada). El ápice esta debajo de la base de la maceta.

KYONAL: Sellador de heridas japonés, patentado, para bonsai.

LATENTE: l: Yema que no brotó durante la estación siguiente a su formación, pero que retiene su capacidad para ello en el futuro. 2: Período de reposo durante otoño e invierno cuando el árbol no crece nada o muy poco.

LATERAL: Brote que surge de una yema sobre un tallo principal.

LARGUIRUCHA: Se dice de la

planta que ha crecido desproporcionadamente alta y delgada debido a aglomeración o a luz deficiente.

LIXIVIACIÓN: Proceso por el cual los nutrientes y minerales son arrastrados del suelo por el paso de agua.

LENTICELA: Poro sobre un brote o un tallo de un árbol.

LOAM: Tierra normal y buena para jardín.

MADERA DURA: Término utilizado para la madera de los árboles de hoja ancha.

MAME: Bonsai miniatura, adecuado para «caber cómodamente en la palma de la mano».

MOYOGI: Estilo de bonsai (Vertical informal). El tronco consta de una serie de curvas

con ramas dispuestas simétricamente.

NEAGARI: Estilo de bonsai (Raíces expuestas).

NEBARI: Raíces superficiales expuestas.

NETSUNANARI: Estilo de bonsai (Raíces conectadas). Varios troncos surgen de diferentes puntos del mismo sistema de raíces.

NUDO: Unión del tallo o el punto donde una hoja o varias se unen al tallo.

OJO: Yema no desarrollada sobre un tallo de más de un año.

OPUESTAS: Disposición de hojas por parejas a cada lado del tallo.

ORGÁNICO: Todo compuesto químico que contenga carbono. En horticultura el término se refiere a un compuesto o medio de crecimiento no manufacturado ni sintético.

PECIOLO: Tallo de una hoja.

pH: Unidad de medida del equilibrio ácido/alcalino de un suelo.

PERÍMETRO: Circunferencia del tronco de un árbol medida a la altura del pecho (del medidor) en ejemplares de tamaño grande.

PUNTAL: Hinchazón en la base de un tronco donde surgen las raíces superficiales.

PUTREFACCIÓN DE LAS RAÍCES: Enfermedad producida por hongos que causa la muerte de las plántulas durante las primeras semanas después de la germinación .

RADÍCULAS: Proyecciones unicelulares de la raíz, responsables de la absorción del agua y de los nutrientes del suelo.

RAÍZ PRIMARIA: La principal raíz que crece hacia abajo de una planta o árbol joven.

RESISTENTE: Se dice de la planta que puede sobrevivir en el exterior durante el invierno.

SABAMIKI: Estilo de bonsai (Madera pelada). La mayor parte del tronco consiste en un shari.

SANKAN: Estilo de bonsai (Tres troncos).

SHAKAN: Estilo de bonsai (Inclinado).

SHARI: Porción de un tronco a la que se le ha extraído la corteza y que se ha blanqueado.

SANGRÍA: Pérdida excesiva de savia de las nuevas heridas, frecuentemente el medio natural que usa la planta para evitar que penetre la infección en la herida.

SIEMPRE VERDE: Árbol o arbusto que tiene hojas durante todo el año.

SEKIJÔJU: Estilo de bonsai (Raíces sobre roca).

SEMIRRESISTENTE: Dícese de la planta que puede tolerar el frío, pero no temperaturas bajo cero.

SULFURO DE CALCIO: Utilizado originalmente como insecticida y fungicida, el compuesto se emplea ahora para conservar y blanquear jins y sharis.

TERMINAL: Se refiere al tallo, la flor o la yema más altos.

TIERNA: Describe a una planta que no puede tolerar temperaturas bajas.

TRANSPIRACIÓN: Continuo paso de vapor de agua a través de los poros en hojas y tallos.

TURBA: Musgo esfagnal o juncia en estado detenido de putrefacción, a causa de falta de oxígeno en su hábitat natural inundado.

VEGETATIVA: Describe la multiplicación por medios diferentes de las semillas.

YEMA: Tallo en embrión apretadamente condensado, protegido habitualmente por escamas formadas por hojas modificadas.

YOSE-UE: Estilo de bonsai (Bosque o troncos múltiples).

Título de la edición original: **A Step by Step Guide to Growing & Displaying Bonsai.**

© de la traducción: **Fernando Ruiz Gabás.**

Es propiedad, 1993
© **Colour Library Books Ltd.** (Inglaterra)

© de la edición en castellano: **Editorial Hispano Europea, S. A.** Bori i Fontestà, 6-8.
08021 Barcelona (España)

Fotocomposición y maquetación realizadas en **Estudi Chifoni**, Liuva, 34-36 1º 2ª.
08030 Barcelona (Tel. y Fax: 346 94 73).

Edición encuadernada en **Horeb, I. G.** Polígono Industrial Can Trias, 5-8. 08232
Viladecavalls (Vallès Occidental)

Depósito Legal: B. 38178-1993

ISBN: 84-255-0991-2.

IMPRESO EN ESPAÑA

PRINTED IN SPAIN

LIMPERGRAF, S. L. — Carrer del Riu, 17 (Nave 3) — 08291 Ripollet